禪客 선객

19세기 한국의 21선사

노치허 저

학자원

선객 별기 禪客別記

　　춘삼월春三月의　도화桃花는　도두掉頭하며　세월歲月을　걷어내며, 늦가을의 산바람은 청풍명월淸風明月을 따라 월창月窓을 깨우고 고운 孤雲을 부르도다!

　　춘화추월春華秋月이라, 세상을 소요逍遙하는가? 허공虛空과 짝하는가? 조각구름은 범부凡夫의 소매자락에 쉬는데, 누사陋士의 노정路程은 방외方外를 향하누나! 소붕小鵬은 수미須彌에 날고, 대작大雀은 농주弄珠에 뜻을 두누나!

　　난세亂世의 대장부大丈夫여! 명리名利를 뒤로 하고, 탐욕貪欲을 쉬었는가? 세상世上을 지우고 독서讀書에 젖었는가? 무슨 무슨 시름으로 술잔을 기울이는가? 어디에서 무엇에 노니시오? 몸을 잊고 묵좌默坐에 젖은 푸른 언덕을 보았는가? 이러거나 저러해도 허공虛空이 무어라 하던가? 푸른 언덕과 허공이 벗하여 부르는 노래를 듣는가?

　　난세亂世의 대장부大丈夫여! 인생人生이란 한 때의 꿈이 아니런가? 혹여 꿈밖의 소식消息을 듣지 못했는가? 꿈밖의 소식消息이라, 당금當今에 그대의 진면목眞面目이라네! 아! 사람들은 어이하여 자기의 인생문제人生問題에 어찌 그리도 등한等閑한가? 서산西山에 지는 해를 보며 망연茫然한 자가 그대가 아니길 바라네! 고요히 앉아 그대의 진면목眞面目을 반조返照해 보시게! 천년千年의 허물이 사라지고 창창무구蒼蒼無垢의 해맑음이 그대를 기다리고 있다네!

蕃蘆病老 呾!

선객별목 禪客別目

선禪이란 사람의 본연성本然性을 곧바로 가리켜 밝히는 길이다.
큰 스승이 있어 그 문인門人을 가르침에, 체體를 보이고 문제問題를
던지며, 질타하여 이끌어 인정認定하는 과정이 뒷사람의 거울이요,
선禪의 효용이다. 중국에는 달마대사와 혜가,(以下 敬稱省略) 육조대사
와 오대종장五大宗匠, 황벽선사와 임제, 목주선사와 운문, 원오선사와
대혜 등의 전법傳法과 사승師承이 뒷사람의 거울이 되어 공부의 교과
서로 오롯이 남아 있다. 한국의 경우는 큰 스승이 나타나 그 문인門
人을 이끌어 거울이 남았으나, 대체로 전법傳法과 사승師承의 활발하
지 아니하여, 서산대사 이후로 명맥이 가늘게 이어오다가, 태평泰平
과 경허鏡虛 이후에 무사자오無師自悟의 선객禪客들이 곳곳에서 일어
나 선풍禪風을 드높인다.

그러나 여기에 뒷사람이 논술을 하지 못한 바와 선사先師의 족적
에 논술을 꺼리는 바가 있다고 하겠다. 선禪의 사史가 추호秋毫라도
혜적慧跡이 간과看過되거나 수증과정修證過程의 허물이 가려졌다면
뒷사람의 눈을 흐리게 할 것이다. 그러한 바, 본서 가운데에서 대략
여덟 요목을 발췌하여 그 두언을 외람되이 술한다.

첫째, 경허鏡虛 이전의 허주虛舟 영산影山 석교石橋 태평泰平 사선사四禪師의 족적足跡. 둘째, 경허의 스승. 셋째, 경허의 수제자首弟子. 넷째, 경허의 만행萬行에 대한 평석評釋. 다섯째, 경허가 만공滿空에게 내린 은근부촉慇懃付囑 전법게傳法偈. 여섯째, 한암漢巖의 대오大悟 시기. 일곱째. 만공이 금오金烏에게 허여許與한 전법게의 사정. 여덟째, 동광東侊과 전강田岡의 법거래法去來 등이다.

위 서술의 첫째, 경허鏡虛 이전의 사선사四禪師를 고증하다. 둘째, 경허의 스승에 경학經學은 만화강백萬化講伯, 선禪은 태평泰平이라 논증論證하다. 셋째, 경허의 수제자首弟子는 혜월慧月이라 하다. 넷째, 경허의 만행萬行은 자기점검自己點檢과 제습除習과 성성惺惺에 있으나, 그 행리行裏는 뒷사람이 배우지 않아야 함을 말하다. 다섯째, 경허가 만공滿空에게 전법게傳法偈를 내린(1904년) 때와 전법게傳法偈에 은근부촉慇懃付囑이라는 단서의 내용을 절찰竊察하다. 여섯째, 한암漢巖의 대오大悟 시기를 삼십대가 아닌 58세로 고증考證하다. 일곱째. 만공이 일찍 떠난 애제자愛弟子 보월寶月을 기리며 금오金烏에게 준 전법의 내용(解悟)을 의심하다. 여덟째, 동광東侊이 전강田岡, 춘성春城, 혜암惠菴, 금오金烏 등과 법거래法去來를 통해 보여준 선객禪客들의 견처見處와 혜慧의 고하高下를 살피다. 기왕의 간행서를 중심으로 편집하고 분석하여 문장을 다듬었다. 읽는 이의 안목에 따라 서평이 따를 것이라, 제방 선객의 푸른 눈빛이 망어妄語를 가려내어 질정叱正하기를 기대한다.

2017년 1월 16일 비벽자毗碧子

선禪이란 묵연진심默然眞心이요, 선수행禪修行이란 묵연진심默然眞心에 계합契合하고자 하는 것이다. 진심眞心은 모습이 없고 이름이 붙지 아니하기에 범부의 상념想念으로는 만날 수가 없는 것이다. 그러나 범부의 공부가 상념想念을 쉬게 되면 진심이 즉시 나타나는 것이니 진심이 멀리 있는 것이 아니다. 그러므로 공부란 상념의 환幻을 쉬는데 있음을 알 수 있다.

선정禪定이란 환幻을 가볍게 하고, 끝내는 환幻이 본래 없는 도리道理에 합하는 것이다. 공부인의 흉중에 세상의 잡사雜事와 시비是非가 자리 잡고 있다면 어느 세월에 공부가 원만히 이루어지기를 기대하겠는가?

장자莊子가 망세망물忘世忘物를 주창함은 공부길의 상효嘗曉를 밝힌 것이다. 지금 세상에도 공부인이 적지 않으나 정지견正知見을 밝힌 이가 드문 것은 공부의 방편方便에 치우쳐 공부의 본원本原에 곧바로 나아가지 못한 허물이 있는 까닭이라고 하겠다. 참사람眞人은 함이 없이 상주불변의 진심眞心을 드러내어 무위법無爲法을 행한다. 만약 그러하지 아니하다면 행行과 설법說法이 유위법有爲法에 머무는 것이다. 무위법無爲法은 상근上根이 아니면 체득하기 어려우나 범부라도 발심하여 다만 환幻을 지우면 옛 스승과 어깨를 나란히 하는 것이니 스스로를 구부려 어찌 물러서겠는가? 본서 선객禪客은 근세 선지식善知識의 활구活句를 담았다. 선배 선지식의 일구一句에서 자신의 진면목眞面目을 더듬어 밝힌다면 이보다 더 기쁜 일이 있겠는가?

2017 醒春, 嗇

경허집 鏡虛集

경허법어 鏡虛法語

용성법어 龍城法語

학명집 鶴鳴集

만공법어 滿空法語

한암집 漢巖集

수도전법기 修道傳法記 ― 동광화상 東侊和尙

선리채근 禪理採根 ― 만허화상 滿虛和尙

고승법어집 高僧法語集 ― 김길상

선문선답 禪問禪答 ― 오현화상

불교사전 佛敎辭典

선학사전 禪學辭典

벽치낙어 碧峙落語

철우집 鐵牛集 ― 정우화상 편집

겁외가 劫外歌 ― 숭산화상 편집

고암집 古庵集 ― 대원화상 편집

―외 기타의 선서 禪書를 참고하다.

차례

01

허주덕진
虛舟德眞
1805~1888

● 약적 略跡

허주선사(虛舟禪師, 1805~1888)의 법명法名은 덕진德眞이다. 동진출
가童眞出家하여 전라남도 송광사松廣寺에서 수행하였다. 30세에 견
성見性하다. 오도송悟道頌을 본다.

　四顧無與親 사고무여친
　六合無與疎 육방무여소
　步步無遺影 보보무유영
　行行眞虛舟 행행진허주

사방을 돌아보아도 친한 이 없고
육합六合을 살펴도 통하는 이 없네.
걸음걸음에 그림자 남기지 않나니
행행行行에 참다이 빈 배로다.

개오開悟한 뒤로 사람을 피하여 송광사松廣寺, 선암사仙巖寺, 칠

불사七佛寺 등 명찰名刹에서 참선參禪하며 임성소요任性逍遙 하였
다. 대원군大院君의 청으로 철원鐵原 보개산寶蓋山 초암草庵과 지
장암地藏庵에서 기도불사를 하였다.

허주선사虛舟禪師는 조선 말엽에 (1840년경부터) 동방불東方佛이
라고 불리었던 도인道人스님이다. 송광사松廣寺에서 대강백大講伯
으로 이름을 떨쳤으나 개오開悟 후로는 불언무위不言無爲을 설하
였다. 그 내용은 대개가 묵언양구설법默言良久說法이었다. 각처의
신도信徒들이 한번 친견親見하는 것이 소원이었다고 한다. 허주虛
舟스님이 한양(서울)에 가면 신도들이 의복衣服과 약藥 등의 공양
을 서로 대접하려고 하여, 한 끼에 밥상이 열개나 되어서, 한 밥
상에서 한 술씩만 발우鉢釪에 덜어서 공양하였다.

● 일화 逸話

제1화

어느 때, 불자佛子 수백 명이 화계사華溪寺에 모여서 허주선백虛舟
禪伯에게 설법說法을 청청했다. 법상法床에 올라간 허주선백虛舟禪
伯이 약 한 시간이나 말없이 앉아 있다가 그냥 내려왔다.

뒤에 어떤 이가 그 이유를 물었더니 이렇게 대답하였다.

"내가 말하려는 자리는 언어言語도 끊어지고 생각도 끊어진 곳이니 무
슨 말을 하겠는가? 나에게는 눈곱만큼도 허물이 없다."

화계사華溪寺 법문 후, 불자佛子들이 다시 허주선백虛舟禪伯에게 법문을 청請했다.

"무언無言설법은 못 알아듣는 사람이 많으니, 알아듣기 쉬운 말로 설법해 주십시오."

허주선백虛舟虛舟禪伯이 쾌히 승낙했다. 이 소문이 퍼지자 많은 불자佛子들이 다시 화계사華溪寺로 모여들었다. 허주선백虛舟禪伯이 법상法床에 올라갔다. 그러나 십분, 이십분, 삼십분이 지나도 아무 말이 없었다. 청중들은 수군거렸다.

"말로 하신다더니 또 무언無言설법인가?"

허주선백虛舟禪伯은 청중聽衆의 수군거림을 못 들은 체하고 태연泰然히 앉아 있다가, 청중聽衆 가운데 무료無聊와 권태倦怠를 이기지 못해 하품하는 사람이 보이자 문득 입을 열었다.

"용하다. 용해."

이 말을 하고는 또 말없이 앉아 있었다. 뒷말을 기다리다 못해 한 사람이 입을 열었다.

"스님, 무엇이 용하다는 말씀입니까?"
"굼벵이가 땅속에 엎드려 있다가 앙금앙금 기어 나왔단 말일세."
이 말을 끝내고 다시 침묵을 지켰다.
이번에는 다른 사람이 물었다.
"그래서 어떻게 했다는 것입니까?"

"응, 정신精神을 차려서 '맴맴' 하고 울었지. 이것이 용한 일이 아니겠는가? 우리 중생衆生이 번뇌煩惱 속에 묻혀 있다가 염불念佛하고 참선參禪하여 부처가 되는 것도 이것과 똑같단 말이야. 용하고 용하지."

이 말을 끝낸 허주선백虛舟禪伯은 다시 '맴! 맴!' 하고 매미 우는 소리를 내고 법상法床에서 내려왔다. 이것이 널리 회자되는 허주선백虛舟禪伯의 매미법문이다.

전주의 송암사松巖寺에서 허주虛舟스님과 영산影山스님이 만났다. 처음 만났는데 법거래法去來 후, 대소大笑하고 밤새워 법담法談을 나누었다. 다음날 송암사에 49재가 들어서 큰 재齋를 올렸는데 큰스님 두 분이 우연히 오신지라, 송암사 주지住持와 재자齋者가 영가靈駕를 위한 법문을 청하였다. 먼저 영산影山스님이 법문을 하였는데, 한참동안 영단靈壇을 향해 묵념默念을 하고 있다가 한 말씀 이르고 내려왔다.

"옛 사람이 이렇게 갔고, 오늘 사람도 이렇게 가도다."
(古人如是去 今人如是去)

그 다음 허주虛舟스님이 올라가서는 말 한마디 없이 고개만 끄덕끄덕 하고 내려왔다. 재자齋者가 말했다. 「스님, 법문 한 말씀 해주시지요.」 허주虛舟스님은 돌아선 채로 말하였다.

"미래 사람도 이렇게 갈 것이로다."
(未人如是去)

송암사 주지住持와 재자齋者가 생각키에 너무도 싱거운 법문이었다. 재자齋者가 밤새도록 이리 저리 궁글이며 곰곰이 생각하다가 무언가 느끼는 바가 있었다. 그리고 이 스님들이 참으로 도인道人이시다—라고 생각하였다. 그리고 재자齋者는 가진 돈을 다 털어서 소반小盤 위에 한지韓紙로 싸서 두 스님이 계신 문 앞에다가 갖다 놓았다. 영산스님은 그냥 가고 허주스님은 그 돈을 가지고 갔다. 재자齋者가 말했다. 「영산스님이야말로 도인道人이다. 물욕物欲이 없으니—」 그리고 그날 오후 절에서 집으로 돌아가다가 보니 허주스님이 덕산교德山橋 다리 밑에서 거지들과 잔치를 하고 있었다. 호박, 감자, 과일 등을 사다가 푸짐한 찌개를 하고, 하얀 쌀밥을 큰 쟁반위에 가득 놓고 거지들과 포식을 하고 있는 것이었다. 재자齋者들이 허주스님의 무욕자비無欲慈悲를 보고 경배敬拜하고서 집으로 돌아갔다.

제4화

허주虛舟스님이 금강산 마하연사摩訶衍寺에 있을 때, 어떤 선비가 이율곡선생李栗谷先生의 출산시出山詩를 음미한다.

東西分袂問幾年 동서분몌문기년
欲陳心思意茫然 욕진심사의망연
前身定是金時習 전신정시김시습
今世仍爲賈浪仙 금세잉위가랑선
山鳥一聲春雨後 산조일성춘우후
水村千里夕陽邊 수촌천리석양변

相逢相別渾無勞 상봉상별혼무로

回首浮雲照碧天 회수부운조벽천

서로가 헤어진 지 몇 해런가?

말을 하자하니 아득하여라.

전세前世에는 김시습金時習이더니

금세今世에는 가랑선賈浪仙을 따르누나.

봄비 개인 뒤 산새가 우지지고

물 흐르는 마을, 석양이 저만치 섰구나.

만나고 헤어짐은 가지런해 애쓸 바 밖일세.

머리 들어 뜬 구름을 벽천碧天에 비춰 보게나!

위는 율곡이 개오開悟 후, 전세의 벗 심장원(沈長源, 1531-1607)에게 보내는 시詩이다. 심장원은 율곡의 설잠雪岑 시절의 도반道伴이라 전한다. 가랑선賈浪仙은 한퇴지와 교유하던 가도賈島를 이르는 것이다. 선비가 허주虛舟스님에게 율곡栗谷의 견처見處와 행리行裏를 물으매 허주虛舟가 답한다.

선비   율곡栗谷의 경지境地가 어떠합니까?

허주   율곡栗谷은 능엄경楞嚴經을 천독千讀을 하다가 홀연히 견성見性하였네.

선비   율곡栗谷의 스승은 누구입니까?

허주   서산대사西山大師가 인가印可하였네.

선비   율곡栗谷은 어찌하여 속세로 나갔습니까?

허주   정주程朱의 설설說이 세속을 어지럽히고, 그 무리가 불도佛道를 억누르는지라, 세상 속에서 올곧음을 보이라고 서산이 권하였네.

선비　정주程朱의 설說이 어떠합니까?

허주　정이程頤가 공자孔子의 설에 미迷하여, 사람의 성性이 둘이라 하였네. 그러므로 나머지 분설分說은 볼 것이 없다네.

선비　정자程子가 성性에 본연지성本然之性과 기질지성氣質之性이 있다고 하였습니다.

허주　공자가 나의 도는 하나로 꿰느니라吾道一以貫之라 하고, 사무사思無邪라 하였으며 명덕明德을 밝힘이 선비의 목표라 하였나니, 명덕明德을 밝히지 못하면 공자의 도道에 미혹한 것이다. 명덕明德이란 성性이 아닌가? 그러므로 유가儒家의 근원이 불도佛道와 다르지 아니하다. 일이관지一以貫之는 성性이 하나임을 말하고, 사무사는 정념이 몽환夢幻이란 뜻이다.

선비　율곡이 유가儒家에 어떤 일을 하였습니까?

허주　율곡은 공자孔子의 뒤를 이었다. 성性이 하나임을 밝히고 마음 닦는 공부방법을 조용히 주장하였다. 율곡의 이기정의理氣定義와 자경문自警文에 보인다.

선비　"전세前世에는 김시습金時習이라／ 물 흐르는 마을, 석양이저만치 섰도다.／ 머리 들어 뜬 구름 벽천碧天에 비춰 보게나!" 함은 그 의취가 어떠합니까?

허주　그대가 정념情念이 쉬면 보느니라. 허공이 무어라 하던가?

선비　세상을 잊고 정념情念을 쉬고자 합니다.

선비는 허주스님의 제자가 되어 수행하였다. 출가하지 아니하고 거사로써 공부하였다. 선비의 이름은 최기남(崔起南, 1855-1956

경?)이요, 호는 찬송贊松과 찬하贊霞이다. 백두산에 거처할 때는 찬송贊松이라 하고, 금강산에 있을 때는 찬하贊霞라 하였다. 백두산과 금강산을 오가며 수도修道하였는데, 선정禪定이 깊어 세상일을 손바닥 보듯 하였다. 그의 저서에 벽곡법辟穀法과 선문염송소음禪門拈頌小吟이 전한다. 최기남崔起南의 지혜와 선정을 흠모하여 이광수, 정인보, 홍명희, 김범부 등이 금강산으로 찾아 갔으나 정인보만이 잠깐 만날 수 있었다고 한다.

최기남이 1931년 대구의 석재石齋 서병오(1862-1936)를 찾아와서, 선정 중에 주자朱子의 후신後身이 나타나서 한 말을 전하러 왔다고 하였다. 주자朱子의 후신은 석곡石谷 이규준(李圭濬, 1855-1929)이라 한다. 서병오는 이규준의 문인이다. 석곡石谷은 전세의 그릇된 주장인 주자의 저술을 바로잡는 데 일생을 바쳤으며, 다음 생은 노자老子를 배워 따르려한다고 하였다. 최기남은 이름 남기기를 싫어하여 해방 뒤에는 지리산 소백산 등에 은거하였다. 그의 종년終年은 전하지 않는다.

⦿ 선문답 禪問答 (허주虛舟, 태평泰平, 영산影山)

박태평거사朴泰平居士가 길을 가는데, 어느 큰스님이 행차를 하였다. 여러 사람이 옹위하고 가므로, 알아보니 허주虛舟 큰스님이다. 이 스님은 당시 동방불東方佛이라고 불리던 도인道人으로 운수납자雲水衲子와 불도佛徒들이 친견하기를 원하였다. 한양에 가면 신도들이 서로 모시려는 도인道人스님이다. 박태평거사가 허주 스님

앞에 나가 땅에 넙죽 엎드려 절하고서 수작手作을 건다.

"한 말씀 묻고자 합니다."

"무슨 말인고?"

"제가 언제 땅에서 일어나게 되겠습니까?"

"일어날 때까지로다."

"일어날 때는 언제가 됩니까?"

"까마귀 머리에 뿔 날 때니라." (烏頭生角時니라)

태평거사가 일어나서 말하였다.

"허주 큰스님도 인허진(隣虛塵)*을 다 녹이지 못했구나."

(虛舟도 未盡隣虛塵이라)

허주선사虛舟禪師가 동방불東方佛이라 존숭받으면서도 인허진隣虛塵이 남았다고 박거사가 평한다. 인허진이란 깨친 연후의 미세微細한 정념情念의 미진微塵이다. 영산影山스님이 듣고 말하였다.

"허주는 일을 좋아하는 분이다. 내가 만약 그때를 당했다면 돌아볼 것 없이 가버렸을 텐데."

(虛舟和尙은 好事者라. 我若當時면 不顧而去하리라)

뒷사람이 평하되 '영산승어허주影山勝於虛舟라' 하였다. 박태평거사는 젊은 경허鏡虛를 시험하고, 경허鏡虛가 선지禪旨에 밝지 못함을 지적하였다. "성우惺牛라, 어떤 것이 깬 소인가?" 함에 경허鏡虛가 문득 개오開悟하였다. 경허鏡虛의 오도송悟道頌에 나타나는 야인野人과 무사태평가無事泰平歌는 박태평거사를 가리키는 것이

* 인허진隣虛塵: 미운迷雲.

다. 경허鏡虛의 선문인도禪門引導 스승은 박태평거사朴泰平居士 이
다. 박태평거사朴泰平居士는 만년에 금강산에서 거사로써 강산소
요江山逍遙를 그치고, 1913년경 스님의 옷으로 갈아입는다. 선객禪
客 태평거사泰平居士로써 뒷사람을 기다리다가 태평泰平스님으로
일상삼매一相三昧를 보였다. 만허萬虛의 선리채근禪理採根과 동광
혜두東侊慧頭의 수도전법기에 태평泰平스님의 모습을 전한다.

  박태평거사朴泰平居士는 남이 절을 한번 하면 꼭 답례는 두 번
씩 하고, 평생에 입으로 남의 시비是非를 말하지 않고, 선객禪客을
만나 법거래法去來하기를 즐겨하며, 뒷사람을 이끄는 지혜가 뛰
어났다. 늘 자기를 낮추었으며 목욕을 하지 않아도 몸이 깨끗했
다. 입적入寂 뒤, 방광放光을 보이매 절에 어두운 곳 없었다. 그런
연유로 금강산 신계사神溪寺의 부속암자 이름을 보광암普光庵이라
고 하였다.

출처: 수도전법기, 벽치낙어, 禪理採根, 禪問禪答

영산화상
影山和尙
1810경–1883

● **약적 略跡**

영산影山스님은 13세에 관음고사觀音古寺에 출가하여 전라북도 선
운사禪雲寺에서 수행하였다. 스님의 법명은 경순敬淳이요, 영산影山
은 법호이다. 부처님의 일대시교一代示教를 마치고 사교입선捨教入
禪하였다. 사교입선捨教入禪이란 문자반야文字般若를 통해通解하고
참선參禪공부에 드는 것을 의미한다. 영산影山스님은 구름과 물雲
水처럼 사해팔방四海八方으로 다니면서 고행苦行을 낙樂으로 삼았
으며, 탁발託鉢한 것을 가난한 집에 보태주고, 자신은 문전걸식門
前乞食하였다. 겨울에는 머슴방에서, 여름에는 정자亭子나 공청公廳
에서 잠을 자고, 옷은 얻어 입었고, 논밭의 허수아비 옷을 곧잘 벗
겨 입었다. 그러나 실상반야實相般若를 자득自得하지 못하였는데,
만행 중에 문수보살文殊菩薩의 지적을 받고, 삼년을 올올성성兀兀惺
惺히 정진精進하여 개오송開悟頌을 읊는다.

物我俱空 물아구공
苦入何處 고입하처
彼此本空 피차본공
誰得誰失 수득수실

물物과 내我가 모두 비었는데,
괴로움이 어디로 들어오는가.
피차彼此가 본래 비었거늘,
누가 얻고 누가 잃는가.

개오開悟 후, 수년을 임성수연任性隨緣하더니, 마침내 대오大悟
하여 읊는다.

天下太平春 천하태평춘
四方無一事 사방무일사
非我而誰 비아이수
山霞朝作飯 산하조작반
羅月夜爲燈 나월야위등
指我而言 지아이언

천하가 태평한 봄이라
사방에 하나의 일이 없다네.
(이러한 이) 내가 아니고 누구런가?
산 노을로 아침을 지어먹고
넝쿨 속 달로 등불을 삼나니
나를 가리키는 말이로다.

영산影山스님은 선객禪客을 만나면 오도송悟道頌의 두 구句를 꺼내 읊으며 그물을 드리웠다. 그 읊음에 초구初句와 이구二句를 바꾸어 노래했다.

四方無一事 사방무일사
天下泰平春 천하태평춘

사방에 하나의 일도 없나니,
천하가 태평춘이로다.

뒷날 태평거사泰平居士가 응대應對한다.

泰平泰平又泰平 태평태평우태평
天下泰平朴泰平 천하태평박태평

태평 태평하고 또한 태평하나니,
천하태평은 박태평이로다.

영산影山스님의 사방무일사四方無一事 천하태평춘天下泰平春 소식消息에 귀가 뚫리거나 눈이 열린 선객禪客이 다수多數였다고 한다.

◉ 일화 逸話

제1화 영산影山스님과 문수보살

영산影山스님이 길을 가다가, 길 옆 밭에 허수아비가 입을 만한 옷을 걸치고 있는 것을 보고, 그것을 벗겨서 입고 나오는데, 지나

가던 한 노인老人이 말하기를,

"여보시오, 대사大師! 그 허수아비는 어찌하란 말이요?"

라 한다. 그 말을 듣고 영산影山스님이, 두 팔을 쭉 펴고 뻣뻣이
서있으니, 그 노인이 말한다.

> 山是影山   산山은 영산影山이지만,
> 不空山   공산空山이 아니로다.

노인이 문득 간 곳이 없었다. 영산스님이 그 말을 이상하게 생
각한다. 노인의 계송偈頌이 영산에게 『산은 영산靈山이나, 공산空
山이 아니로다.』로 들렸다. 영산靈山이 공산空山이 아닌 까닭은
정념情念을 지우지 못했음이라 생각하며 계속 길을 가는데, 다시
한 노파老婆를 만났다. 노파가 묻는다.

"여보시오, 대사大師! 노인 한 분 가시는 것 못 보았소?"

궁금하던 영산影山스님이 얼른, "그가 누구요?" 하고 물었다. 그
러자 그 노파老婆가 말한다.

"문생원文生員이라 하면 잘 아실 텐데."

하더니, 그 노파도 문득 사라졌다. 영산影山스님이 생각해보니, 문
수보살文殊菩薩과 관세음보살觀世音菩薩이 분명하였다. "내 공부工
夫가 미천微淺함을 아시고, 일깨워 주시는 것이니, 돌아다니기만
할 것이 아니라 입산入山해서 공부를 더 해야겠다." 하고서 분발하
여 삼년을 성성올올惺惺兀兀히 정진하다가, 안수정등岸垂井藤 화두

에서 홀연히 한 소식消息을 얻고서, 송송頌을 지었다.

> 物我俱空 물아구공 이어늘
> 苦入何處 고입하처 인고
> 彼此本空 피차본공 이어늘
> 誰得誰失 수득수실 인가

> 물物과 내我가 모두 비었는데,
> 괴로움이 어디로 들어오는가.
> 피차彼此가 본래 비었거늘,
> 누가 얻고 누가 잃는가.

출처: 선리채근

제2화 조엄趙曮과 영산影山스님

영산影山스님이 지리산 등을 유산遊山하며 화엄사華嚴寺 쌍계사雙溪寺 관룡사觀龍寺를 거쳐 동래의 범어사梵魚寺에 이르렀다. 범어사에서 식객 노릇을 하고 있는데, 마침 동래부사 조엄趙曮(뒷날, 경상감사)이 초임初臨하여 있었다. 조엄이 영산스님이 왔다는 소식을 듣고 뵙고자 하였다. 영산스님을 초청하고 기생들을 모아 잔치를 벌였다. 영산스님이 온다는 전갈을 받고, 조엄이 높은 자리에 앉아 일부러 거드름을 피웠다.

영산이 관아에 들어오면서 말한다.

"그림자는 영산의 그림자로다." (影是影山影이여)

조엄이 답한다.

"산 또한 영산의 산일세." (山是影山山이로다)

다시 조엄이 말한다.

"산과 그림자가 둘 아닌 곳에, 어떤 것이 영산인가?"

(山影無二處에 都盧是影山잇가)

말이 채 끝나기 전에, 영산이 부채를 들어 일원○을 그리니, 조엄이 버선발로 내려와 오체투지五體投地 하며 말하였다.

"우리 스님, 참으로 반갑습니다."

출처: 벽치낙어

제3화 영산스님은 조엄의 전세 스승

경상감사 조엄은 전생에 범어사에서 낭백朗伯이란 이름으로 중 노릇을 하던 사람이다. 당시에 동래관청에서는 전래의 배불숭유 책에 부응하여 200여 종의 부역을 스님들에게 부과하였다. 통도 사 등 다른 큰절은 부역이 80여 종이었다. 그런 까닭으로 부역을 하며 중노릇 할 사람이 드물었다. 범어사에 중의 숫자가 몇 안 되고, 기왕의 스님들도 부역에 시달려 공부에 집중하기 어려웠 다. 스님들이 이렇게 노동이 심할 바에야 차라리 마을에 내려가 잡역을 하고 남은 시간에 공부하는 것이 좋겠다고 생각하게 되 어, 산내山內 암자庵子들이 텅텅 비게 되었다.

그 때 낭백朗伯스님은 마을에 내려와 비산비야非山非野에 초막 草幕을 치고 참외를 심어, 지나가는 배고픈 이에게 참외를 주고, 짚신을 삼아 나그네에게 짚신을 나누어 주었다. 낭백朗伯스님이 생각하기를 내가 중이 되었으나, 박복하여 중노릇을 제대로 못하고 고생만 하게 되니, 금생에 복을 지어 내생에는 경상감사가 되어 스님의 억울한 일을 벗겨주고, 스님들이 불법을 잘 닦게 도우겠다는 원력을 세웠다. 낭백스님이 30여 년을 배고픈 이와 나그네를 위해 힘 다해 보살피다가 죽으면서 말한다.

"앞으로 20여 년 후에 혹 벼슬하는 사람이 절에 와서 고된 잡역을 없애주거든 그가 곧 나인 줄 알라."

그리고 20여 년 후. 조엄이라는 동래부사가 와서 절 사정을 듣고 범어사에 잡역을 거의 없애주고 스님들을 보호하였다. 조엄이 동래부사가 되어 관아에서 영산影山스님을 뵙고 영산影山스님에게 오체투지五體投地를 하니, 이로부터 동래의 유생儒生들이 범어사 스님들을 함부로 괴롭히지 않게 되었던 것이다.

조엄과 영산의 법희法喜가 있은 후, 동래사람들이 불법을 좋아하게 되었고, 금정산 삼십리 줄기마다 암자가 들어서 불지촌佛地村이 형성되게 되었다. 조엄은 범어사에 노역의 대부분을 면하게 하였다. 영산스님은 조엄의 전세 스승이었다고 한다.

영산스님이 일원상○을 보이고, 조엄이 "우리 스님, 참으로 반갑습니다." 함으로써 한 고을의 교화를 이루고 범어사를 공부처로 다시 세운 것이다. 조엄은 대마도에서 처음 고구마를 가져와 재배하여 백성들을 구황救荒하였다.

지금 범어사 입구에 조엄부사가 말에서 내린 곳에 하마비(下馬碑)가 있으며, 조엄을 기리는 영세불망비(永世不忘碑)가 서 있다.

석교화상
石橋和尙
1812경 – ?

● **약적 略跡**

석교선사石橋禪師는 젊어서 강종講宗으로 존숭尊崇 받으며 여러 곳
에서 강사講師로 지내다가, 뒤에 선종禪宗에 입참入參하여 정진하
였는데, 선禪을 하되 손에는 단주短珠를 항상 들고 있었다. 계행戒
行이 단정하여, 승가僧家의 풍변風變에 자장慈藏스님에 버금간다고
하였으니, 아침에는 죽을 드시고 사시공양巳時供養 외에는 다른 음
식을 들지 않고 오후불식午後不食하였다.

대소변大小便길 이외는 가사장삼을 벗지 않고, 시주施主집에서
도 가사장삼을 벗지 않았다. 평소에 잡담雜談을 일체 하지 않고,
출입出入시에는 시자侍者를 꼭 데리고 다녔다.

스님 방에는 다만 달마達磨스님 초상이 걸려 있었고, 그 앞에
향로香爐가 있을 뿐이었다. 그리고 스님 방에는 여승女僧과 여신
도女信徒가 들어가는 법이 없었다. 평생 몸이 불편하다고 눕는 일
이 없었으며, 밤에 산길을 다니면 눈에 불을 켠 범이 앞장서서

길을 인도하였다고 한다.

　하루는 저녁공양을 마친 후에, 석교石橋스님이,

有生有滅 유생유멸
無生無滅 무생무멸
有無俱泯 유무구민
風來水面 풍래수면
從上佛祖如是去 종상불조여시거
今日石橋如是去 금일석교여시거
如是如是什麼意 여시여시심마의
青華山月正夜時 청화산월정야시

생生한 바가 있으면 멸滅할 바가 있고,
생生한 바가 없으면 멸滅할 바도 없다.
유有와 무無를 함께 없애 버리니,
바람이 수면水面에 소요逍遙하누나.
옛 부처와 조사祖師가 이와 같이 가셨고,
오늘 석교石橋도 이와 같이 간다네.
이와 같고 이와 같음이 무슨 뜻인가?
청화산青華山에 달뜨니 밤이로구나.

하고는 눈을 지그시 감았다. 입적入寂에 사리舍利와 방광放光은 없
었다.

어느 날 석교石橋스님이 출타했다가 돌아오는데 산길 옆에 한 노인老人이 공손히 예를 하고 서 있다.

"저는 이곳 산왕山王이온데, 스님의 행行과 도道가 하도 장壯하시여 호법을 할까 합니다. 앞날에는 화주 노릇도 하겠습니다. 그리고 스님 께서 반월법문半月法問을 하실 때, 참석하고자 합니다. 저는 호랑이 를 타고 다니니 다른 사람들이 놀라지 않게 주의를 하십시오."

하였다. 과연 그 뒤로는 대중大衆이 구름처럼 모여 들어도 절에 식 량食糧이 부족하지 않았다. 그런데 반월법문半月法問 때, 절 앞에 등잔만한 눈을 가진 큰 범이 나타나서, 여러 사람들이 놀라서 뛰 어 들어오는 일이 일어나므로, 석교石橋스님은 산왕山王을 만난 일 을 이야기하여 놀라지 말라고 하였다.

하루는 한 젊은이가 석교石橋스님을 찾아와서 절을 하고는,

"부석사浮石寺에 생불生佛이 계신다하기에 찾아와서 법문法問을 들었 습니다. 저도 출가하여 무상대도無上大道를 통통하고 싶습니다."

하였다. 청년의 속성은 무안 박씨務安朴氏로 영해寧海사람인데, 일 찍이 진사進士에 급제 했다. 스님은 박진사朴進士의 가정사정이 여 의치 못함을 듣고 말하였다.

"도道를 통通하는 것은 몸으로 하는 것이 아니고 마음으로 도道를 통하는 것이니, 승속僧俗이 따로 없다. 출가할 생각은 버리고 거사오계居士五戒를 받아 거사居士로서 공부하거라."

이후 석교石橋스님이 참선參禪을 지도하였다. 태평거사泰平居士는 삼년 동안 집에 가지 않고 조주趙州의 무자화두無字話頭를 들고 정진하였다. 하루는 얻은 바를 송구頌句를 지어 석교스님에게 올린다.

春夢秋睡過三年 춘몽추수과삼년
始聞靑山鳥啼聲 시문청산조제성
趙州老僧什麼無 조주노승심마무
一手指天白雲飛 일수지천백운비

봄에는 꿈 가을에는 졸음으로 삼년을 보내니,
비로소 청산靑山의 새 울음소리 들리도다.
조주스님은 왜 무無라고 하였던고?
한 손으로 하늘에 흰 구름 가는 것을 가리키도다.

태평거사泰平居士의 게송偈頌을 보고 석교스님이 답게答偈하였다.

好時三月春花開 호시삼월춘화개
蝴蝶紛飛過庭前 호접분비과정전
四海衲子雲集處 사해납자운집처
鷄中千首鳳一首 계중천수봉일수

때는 좋아 삼월三月이라 꽃이 피는데,
나비들은 춤추며 뜰 앞을 지나가네.

사해四海의 공부하는 스님네가 모인 곳에,
닭 천 마리에 봉황이 한 마리구나.

석교石橋 스님이 하루는 태평거사泰平居士를 조실祖室로 불렀다.

"태평거사!"

"네"

"지금 조주趙州스님은 무엇을 하고 계실까?"

"상주설법常住說法하십니다."

"지금 어디에 있느냐?"

"다만 이 방 가운데 계시나, 구름이 깊어 처소를 모릅니다." (只在此房中 雲深不知處)

"너는 아느냐?"

"모르는 바는 아니나, 남에게 가르쳐 줄 수는 없습니다."

"'저울추를 밟으니 굳기가 쇠와 같다'는 말은 무슨 뜻이냐?"

"저도 내일부터는 오후불식午後不食 하겠습니다."

출처: 선리채근

박태평
朴泰平
1839~1922 ?

태평泰平거사는 경북 영해寧海 태생이요, 무안박씨務安朴氏의 삼대
독자三代獨子이다. 일찍이 진사進士가 되었고, 십구 세에 혼인을 했
으나 자식이 없었다. 석교石橋스님에게 거사오계居士五戒를 받고
태평泰平이라는 법명法名을 받았다. 박진사朴進士의 집이 영해寧海
이므로, 영해태평盈海泰平거사라고 법명을 짓고 해설한다.

"영해盈海는 고苦가 가득한 바다이지만, 태평거사泰平居士는 고해苦海
에서도 고苦를 받지 않는다."

영盈은 가득 차 넘친다는 뜻이요, 해海는 거친 곳이다. 석교스
님이 그 땅을 고苦에 비유하여 고苦 가운데서 고苦를 뛰쳐나라고
한 것이다. 태평泰平거사는 삼년三年 동안 조주趙州의 무자화두無
字話頭를 들고 정진하여 견성見性하였다. 그 뒤, 전국의 명산대찰
에 유산遊山하면서 선지식善知識과 고덕高德과 선화禪和를 만나 법

담법談을 나누거나 빈 낚시를 드리우며 임성수연任性隨緣하였다. 어느 날, 금강산 만폭동萬瀑洞계곡에 앉아 시를 지었다.

青山人我色 청산인아색 이요
流水是非聲 유수시비성 이라
山色水聲裡 산색수성리 에
聾啞過泰平 농아과태평 이라

청산靑山은 '너다, 나다' 하는 빛깔이요,
유수流水는 '옳다, 그르다' 하는 소리로다.
청산의 빛깔과 유수의 소리 속에서,
(이러한 정념의 견문각지見聞覺知 속에서)
귀먹은 벙어리는 태평泰平으로 지내노라.

산색수성山色水聲으로 범부의 망견妄見에 비유함을 보고, 태평泰平의 선지禪旨를 의심하는 죽통선자竹筒禪子가 보인다. 통해지견자通解知見者는 밝게 읽을 줄 알 것이다.

태평거사泰平居士는 평소에 가끔 말했다.

"나는 칠십구세七十九歲 이월二月 십오일十五日 부처님 가신 날 떠나련다."

금강산金剛山 신계사神溪寺 보광암普光庵에 주석했었는데, 오래 전부터 평소에 말한 그 날, 저녁 공양할 때에 열반涅槃에 들었다. 앉아서 합장合掌한 채로 손끝을 떨더니 자리에 쓰러졌다. 그 때에 방광放光을 하여 온 집이 화안하여 절에 어두운 구석이 없었다고 한다. 그런 연유로 암자 이름을 보광암普光庵이라 하였다.
(박태평거사는 평생을 산수山水 간을 오가며 선지식과 법을 나투고, 공부
하는 이를 일깨웠다. 만년에 금강산 신계사에 주석할 때는 스님이었다. 일
설에 1912년경 스님의 옷으로 갈아입고 1922년 입적하였다고 한다.)

◉ 일화 逸話

태평거사泰平居士는 남이 절을 한 번하면 답례答禮는 꼭 두 번씩하
고, 평소에 남의 시비是非를 말하지 않았다. 항상 몸을 낮추었고,
목욕을 하지 않아도 몸이 깨끗했다.

공양供養을 할 때에 반찬은 밥그릇 바로 옆에 있는 것부터 먹
고, 그 반찬이 다 없어져야 다음 반찬을 먹었다. 과일은 껍질째
다 먹었다. 수박을 껍질 채 먹으므로 옆에서 말한다.

"껍질을 버리고 드십시오."

태평거사泰平居士가 답한다.

"껍질은 수박이 아니냐?"

◉ 선문답 禪問答

제1화

어느 날, 영산影山스님을 만나서, 「태평泰平」이라는 글자를 가
지고 글을 지었다. 먼저 영산影山스님이 일렀다.

박태평 朴泰平 37

四方無一事 사방무일사
天下泰平春 천하태평춘

사방 천지에 하나의 일도 없나니,
천하는 태평한 봄이로다.

박태평朴泰平거사가 답하였다.

泰平泰平又泰平 태평태평우태평
天下泰平朴泰平 천하태평박태평

태평 태평하고 또한 태평하나니,
천하태평天下泰平은 박태평朴泰平이로다.

어느 날, 천장사天藏寺에서 하룻밤을 지내는데, 마침 젊은 강사講師
가 있어, 인사를 하게 되었는데 법명이 성우惺牛라고 한다. 성우惺
牛는 경허鏡虛의 법명法名이다. 태평泰平거사가 물었다.

"어떠한 것이 깨어있는 소(惺牛)인가?" 如何是 惺牛?

성우惺牛스님이 아무 답答이 없으므로, 거사가 말하였다.

"소는 소라도 코 구멍이 없구나!" 牛是牛 無鼻孔也!
(혹은 '콧구멍 없는 소가 되어야지'라 하였다고 구전口傳한다.)

성우惺牛스님이 태평泰平거사의 천음天音을 듣자마자 전후단제
前後斷際하더니 홀연히 개오開悟하여 읊는다.

忽聞人語無鼻孔 홀문인어무비공
頓覺三千是吾家 돈각삼천시오가
六月燕岩山下路 유월연암산하로
野人無事泰平歌 야인무사태평가

문득 콧구멍 없다는 말을 듣고,
몰록 삼천대천세계가 곧 내 집임을 깨달았도다.
유월 달 연암산 아래 길,
거사居士가 무사태평가無事泰平歌를 부르누나.

(＊野人을 居士로 解하여 譯하다.)

성우惺牛가 "소는 소라도 코 구멍이 없구나!"라는 태평泰平거사
의 언하言下에 대오하였다. 태평泰平거사가 허여許與하여 인가印可
하였다. 그리고 당부의 말을 남기고 금강산으로 떠났다.

"삼년三年을 보림保任하시게. 성성惺惺하지 못하면 퇴굴한다네!"

서산瑞山의 연암산燕巖山 천장사天藏寺는 경허鏡虛의 속가형俗家
兄 태허당太虛堂이 주지로 있는 절이다. 당시에 박태평거사는 영
산스님과 더불어 무애도인道人無碍으로 널리 알려져 있었다. 이즈
음 경허鏡虛도 박거사의 명성을 들어 알고 있었던 것이다.

경허집鏡虛集의 내용은 중간重刊을 거치는 과정에 더해지고, 수
정된 곳이 보인다. 한암화상의 이처사李處士 운운云云은 시기時期
가 맞지 아니하고, 개오일화開悟逸話에 조리條理와 근거가 미명未
明이다. 경허鏡虛의 오도송悟道頌에 연암산燕巖山, 야인野人, 태평
가太平歌가 보인다. 깨어있는 소(惺牛)는 경허의 법명이요, 연암산

은 천장암의 뒷산이다. 야인野人은 거사居士요, 태평가太平歌는 박태평거사의 게송偈頌이다. 경허의 스승은 두 분이다. 강맥講脈으로는 만화萬化스님이요, 선맥禪脈으로는 박태평거사朴泰平居士라 하겠다. 경허鏡虛의 오도송悟道頌에는 박태평거사의 슬기가 묻어 있다.

제3화

박진사朴進士 태평거사泰平居士가 길을 가는 도중에 보니, 어떤 큰스님이 행차를 하는데, 여러 사람이 옹위擁衛하고 간다. 알아보니 이름 난 허주선사虛舟禪師이다. 태평거사가 허주선사虛舟禪師 앞에 나가 땅에 넙죽 엎드려 절하고서 수작手作을 건다.

"한 말씀 묻고자 합니다."
"무슨 말인고?"
"제가 언제 땅에서 일어나게 되겠습니까?"
"일어날 때까지로다."
"일어날 때는 언제가 됩니까?"
"까마귀 머리에 뿔 날 때이다." (烏頭生角時니라)

태평거사가 일어나면서 말하였다.
"허주도 인허진隣虛塵을 녹이지 못했구나."
(虛舟도 未盡隣虛塵이라)

뒤에, 영산影山스님이 이 소문을 듣고 말하였다.
"허주 스님은 일을 좋아 하는 사람이다. 내가 만약 그때를 당했다면 돌아볼 것 없이 가버렸을 텐데." (虛舟和尙은 好事者라. 我若當時시면

不顧而去하리라)

泰平泰平又泰平　　태평 태평하고 또한 태평하나니,
天下泰平朴泰平　　천하태평은 박태평朴泰平이로다.

박태평거사의 게송偈頌은 당시에 속가俗家에도 널리 알려져, 아이들이 노래로 부르며 놀이를 하였다. 지금도 밀양과 청도지방에서는 아이들이 태평가를 부르며 놀이를 하고, 노인들도 먼 산을 바라보며 태평거사의 태평가에 민요의 곡조를 붙여 흥얼거린다. 태평거사泰平居士는 유산遊山하다가 선객禪客을 만나면, 이 게偈를 읊으며 그물을 드리웠다.

다른 때에 태평泰平과 불평不平을 묶어서 본래소식을 송頌하며 학인學人을 이끌었다.

"태평泰平과 불평不平이 본래本來 태평泰平이로다."

(泰平과 不平이 本來泰平이로다)

출처: 선리채근, 벽치낙어

무용화상
無用和尙
1848 - ?

◉ 약적 略跡

무용無用스님은 고종高宗때 순천順天에서 태어났다. 조실부모早失
父母하고 머슴살이로 20세까지 더벅머리 총각으로 지내다가, 송
광사松廣寺에서 온 탁발승托鉢僧을 따라가서 출가했다.

글을 몰라서 공양주供養主로 일하면서 한 달에 요미料米로 쌀
삼두三斗씩 받았는데, 그 쌀을 모아서 산중山中에 토굴土窟을 짓고
십년十年을 하루같이 관음기도觀音祈禱를 하여, 삼매三昧를 득하여
세상사世上事를 거울 들여다보듯 하였다.

그 뒤로 두루 경승한처景勝閑處를 찾아서 머물며 항상 '관세음
보살觀世音菩薩'을 염念하였다. 평소에 잠도 별로 자지 않고, 주야
晝夜로 입을 달싹이며 다른 이가 따르지 못할 속도로 "관세음보
살"을 외웠는데, 선리禪理나 교리敎理에 관한 법문은 없다.

그리고 계행戒行은 별로 지키지 않았고, 술과 고기 등 악식惡食
을 가리지 않았다.

태백산太白山 도솔암兜率庵에서 젊은 용성龍城스님이 한 때, 시봉侍奉하였다. 하루는 무용無用스님이 말하였다.

"내가 떡과 술 생각이 있느니라. 여기서 한 삼십리 밖에, 길옆에 있는 큰 부자 집에서 잔치를 하고 있으니, 가서 떡과 술을 좀 얻어 오너라!"

용성龍城스님이 가서 보니 사실이었고, 가끔 이와 비슷한 일이 있었다. 용성龍城스님이 시봉하다가 사도邪道로 의심하여 무용스님을 떠났다.

궁宮에 있던 천상궁千尙宮이 해인사海印寺 주지인 이회광李晦光스님을 조실祖室로 모시고 망월사望月寺에서 만일회萬日會 염불원念佛院을 열었다. 어느 날 무용無用스님이 누더기를 입고 망월사에 왔다. 조실祖室인 이회광李晦光스님과 대화를 나누더니, 이회광스님이 조실자리를 무용스님께 올리고, 자기는 화주化主가 되었다.

당시 회광晦光스님은 선지식善知識으로 자만自慢이 있었는데, 조실祖室자리를 무용스님에게 양보하는 것을 보고 백百여 명의 수좌首座들은 의아하게 생각했다.

그때 절 입구에 간호실看護室을 두었는데, 모인 수좌首座들은 대부분이 노승老僧들이라, 간호실에 들어가면 죽는 사람이 태반殆半이었다. 조실祖室인 무용無用스님은 아침 공양을 드시고는 부전스님을 불러서는,

"목탁 가지고 간호실에 가서 앓는 스님을 위해 시다림 법문을 하라."

하고는, 그 죽는 시간을 예언豫言하는데, 모두 그대로 맞으니, 대중스님과 천상궁千尙宮이 무용無用스님을 존경하였다.

망월사望月寺의 만일회萬日會가 해산되자, 무용無用스님은 호남湖南의 내포內浦 천장사天藏寺로 경허鏡虛스님을 찾아갔다.

경허鏡虛스님을 만나 보니 지기지우知己之友라, 같이 서해西海바닷가로 해서 생선生鮮 한 두름을 어깨에 메고, 소주燒酒 한 병을 손에 들었으며, 장죽長竹에 담배를 피워 물고서, 송광사松廣寺 산문山門을 들어섰다. 대중스님들이 이를 보고,

"어디서 이런 외도外道들이 오느냐?"

하고 몽둥이를 들고 쫓아내려 하자, 경허鏡虛스님이

"잘 됐다. 이놈들아! 나는 죽을 곳을 찾는 중이다."

하고 웃통을 벗고 들이 대었다. 할 수 없이 여러 스님들이 달려들어 경허鏡虛와 무용無用을 물방앗간에 밀어 넣었다. 그러자 경허鏡虛스님이 말한다.

"이만하면 대궐이다. 무용無用스님! 안주 볶아서 한잔 합시다."

생선을 구워서, 소주燒酒 한 병을 다 비웠다. 이튿날 아침에, 무용無用스님이 주장자拄杖子를 들고 조실스님 방 앞에 가서 말한다.

"동고東皐화상! 너 어디 갔다 왔느냐? 내가 아니었으면 너는 어제 까치집에 들어갈 뻔 했다."

하고는 경허스님과 함께 그 절을 떠났다. 그런데 실은 송광사松廣寺 조실祖室인 동고東皐스님이 병으로 앓다가 전날 밤에 죽었다. 동고東皐스님의 영혼靈魂이 떠나가다가 큰 누각樓閣이 보여서 "저것이 무슨 누각인가?" 하니, 곁에서 어떤 이가 설명해 주었다.

"아미타불阿彌陀佛이 상주설법常住說法하시는 장엄누각이오."

동고東皐스님이 말한다.

"아이구. 내 평생에 극락세계極樂世界 가기를 원했는데, 빨리 가서 법문法問을 들어야 하겠다."

하는데, 웬 노승老僧이 달려와서 주장자拄杖子로 사정없이 등을 후려치는 바람에 동고東皐스님이 죽음에서 깨어났다.

출처: 선리채근

경허성우
鏡虛惺牛
1849-1912

경허선사鏡虛禪師는 속성俗姓이 송씨宋氏요, 법명法名은 성우惺牛이다. 태어날 때 이향異香이 방에 가득하였고, 출생 후 삼일 만에 울음소리를 터뜨렸다. 어려서 출가出家하여 신동神童이라 불렸고, 스물셋에 동학사東鶴寺 강사講師를 하다가, 여름에 천장사天藏寺로 속가의 친형인 태허泰虛스님을 찾아 갔다. 거기서 영산影山스님과 더불어 도인道人으로 이름 높은 박태평朴泰平거사를 만난 것이다.

성우惺牛라고 인사를 하니, 거사居士 이르기를 "성우惺牛라, 어떤 것이 깨어있는 소惺牛인가?"라 하였다. 경허鏡虛는 말이 없었다.

박태평朴泰平거사는 "소는 소라도 콧구멍이 없구나!"라 한다. 경허鏡虛는 "소는 소라도 콧구멍이 없구나!"라는 말을 듣자마자 전후단제前後斷際하여 응연부동凝然不動하더니 얼마 후, 개오開悟하여 읊는다.

忽聞人語無鼻孔 홀문인어무비공
頓覺三千是吾家 돈각삼천시오가

六月燕岩山下路 육월연암산하로
野人無事泰平歌 야인무사태평가

문득 콧구멍 없다는 말을 듣고,
몰록 삼천대천세계가 곧 내 집임을 깨쳤도다.
유월 달 연암산燕巖山 아래 길에
거사居士가 무사태평가無事泰平歌를 부르누나.

'콧구멍 없는 소'란 공적영지空寂靈知의 자성당체自性當體를 가리
킨다. 다시 말해 '콧구멍 없는 소'의 의지意旨는 공적영지空寂靈知
의 무상진심無相眞心을 드러내 보인 것이다.

"성우화상惺牛和尙은 강사講師로써 깨어있는 소를 알지 못하면서 어
찌 불법佛法을 강론講論 하는가?"

라는 태평泰平거사의 나무람이다. 이어 "소는 소라도 콧구멍이 없
구나!"라 하여 질책하였다. 태평거사는 경허가 법기法器임을 알아
보았던 것이다. 소는 자성自性의 비유譬喩이다. 박태평朴泰平거사
는 선문禪門의 숨은 재목을 찾아 일깨우는 선말鮮末의 대선객大禪
客이다. 경허鏡虛는 '콧구멍 없는 소'라는 말을 듣자마자 대장부大
丈夫의 문을 연 것이다. 경허 31세이다.

경허는 개오開悟이후 천장사天藏寺 뒷방에서 삼년간 두문불출杜
門不出하고 입정入定하여 무량겁無量劫으로 익힌 정습情習을 녹이
는데 힘썼다. 그 후 지팡이에 의지하여 만행보살萬行菩薩로 팔도八
道를 편답遍踏하였다. 만년晩年에는 승복을 입지 않고 흰 두루마기
에 갓과 망건을 하고 장죽長竹을 물었다. 무일푼으로 문전걸식門

前乞食하며, 잠은 아무데서나 자고, 음식도 주酒와 육肉을 가리지 않았다.

　다만 "제사祭祀음식(물밥 혹은 고수레 음식)은 먹는 법이 아니다."고 말하고, 다른 사람들도 먹지 말라 하였다. 금강산金剛山 구경을 갔다가 내친걸음에 함경북도 삼수갑산三水甲山으로 가서 송진사宋進士(혹은 朴蘭珠)라고 은칭隱稱하며, 산골 아동들을 모아 글을 가르치다가 세상을 떠났다. 문제자門弟子들이 스님이 간 곳을 알지 못하여 걱정하던 중, 우연히 갑산甲山에서 입적入寂하였다는 소식을 듣고(1928년경) 혜월慧月과 만공滿空과 철우鐵牛 세 스님이 찾아가 묘墓를 해체하여 다비茶毘 하였다. 파묘破墓할 때 보니, 입던 의복衣服 그대로 맞 가래질을 하여 매장埋葬했는데, 저고리 속에 송구頌句가 들어 있었다.

　三水甲山長谷裡 삼수갑산장곡리
　非俗非僧宋鏡虛 비속비승송경허
　故鄕千里無人便 고향천리무인편
　別世悲報付白雲 별세비보부백운

　삼수갑산 깊은 골짜기에,
　속인俗人도 아니요 중僧도 아닌 송경허宋鏡虛라.
　고향천리에 인편人便이 없어,
　세상 떠난 부고訃告는 백운白雲편에 부치노라.

　제자弟子로서 이름난 선지식善知識은 신혜월申慧月 전수월全水月 송만공宋滿空 방한암方漢岩 석성월釋惺月 등이다.

1849년생.

스님의 성姓은 송씨宋氏요, 법명法名은 성우惺牛.

1857년 9세

경기도京畿道 청계사淸溪寺에 가서 당취승(땡초) 계허桂虛를 은사로 하여 출가. 계허桂虛가 환속 후, 동학사東鶴寺 만화강백萬化講伯에게 일대시교一大時敎를 수료. 공부하는데 느리지도 급하지도 아니하나, 다른 사람보다 열배나 앞섰으며, 내외內外에 정통, 이름을 팔도에 떨치다.

1871년 23세

대중들의 물망物望에 올라 동학사東鶴寺에서 개강開講.

1879년 31세

박태평거사가 천장암에 와서 경허와 대화를 하였다. 성우惺牛라고 인사를 하니, 거사居士 이르기를 "성우惺牛라, 어떤 것이 깨어있는 소惺牛인가?"라 하였다. 경허鏡虛는 답을 하지 못했다. 박태평朴泰平거사가 "소는 소라도 콧구멍이 없구나!"라 한다. 경허鏡虛는 "소는 소라도 콧구멍이 없구나!"라는 말을 듣고, 얼마 후 전후단제前後斷際하여 응연부동凝然不動하더니 개오開悟하여 읊는다.

忽聞人語無鼻孔 홀문인어무비공
頓覺三千是吾家 돈각삼천시오가
六月燕岩山下路 육월연암산하로
野人無事泰平歌 야인무사태평가

박태평朴泰平거사는 선문禪門의 숨은 재목을 찾아 일깨우는 선 말鮮末의 대선객大禪客이며 경허의 스승이다. 경허는 이로부터 임 성수연任性隨緣하며 육신肉身을 잊고 작은 절개에 구애받지 않으 며 유유자적悠悠自適하였다.

1880-1890년 32-40세,
홍주洪州 천장암天藏庵과 서산의 개심開心寺와 부석사浮石寺 등지에 왕래하면서, 때로는 명심묵상瞑心黙想하고, 때로는 사람을 위하여 설교說敎하면서 선풍禪風을 떨치다.

1884년, 혜월慧月을 인가印可.

1887년, 수월水月을 인가印可.

1898년 50세, 봄. 범어사 계명선원에서 설법.

1898년, 성주星州 수도암修道庵에서 수심결修心訣 강설講說. 한암漢巖 에게 개심開心을 허여許與. (한암漢巖은 1898년 봄부터 여름까지 배우다)

1899년 51세,
해인사海印寺에 주석, 대중이 스님을 법주法主로 모시다.
해인사海印寺에서 한암漢巖과 이별시離別詩를 주고받다.

1899년 해인사海印寺에서 용성스님이 경허의 막행莫行을 보고 바 르지 못하다고 말하다.

1900년 52세
표충사表忠寺에서 선풍禪風을 드날리던 침운현주枕雲玄住 선사를 만나 인가印可하다. 침운枕雲의 생몰연대는 알 수 없으나 경허와 비슷한 연배였다고 한다. 침운枕雲은 만년에 범어사에서 설법을 하고 임종게를 쓰고, 다음날 좌탈하였다. 침운枕雲은 경허의 도반道伴이었을 것이다.

1902년 54세,

범어사梵魚寺 오성월吳惺月스님의 지견知見을 허여許與하다. 오성월 스님이 선문禪門의 요결要訣을 편집한 책이름을 경허스님이 선문 촬요禪門撮要라 이름 짓다.

범어사梵魚寺의 금강암金剛庵에서 수심결修心訣과 전심법요傳心法要 강설講說하다.

마하사摩訶寺에서 나한전羅漢殿의 개분불사改粉佛事에 증명證明.

1903년 경상도, 전라도 등지를 유산遊山하다.

1904년 56세, 봄.

부석사를 거쳐 수덕사에 머물다가 뒷산의 산적에게 동자승이 해를 입음을 보다(口傳). 은거隱居하여 여습餘習을 지우고 금강삼매金剛三昧에 들 것을 생각하다.

1904년 7월 15일

천장암天藏庵에 가서 만공滿空에게 은근분부慇懃分付의 전법게傳法偈를 써주다.

오대산五臺山및 금강산金剛山을 돌고, 안변安邊 석왕사釋王寺에 이르러서 오백 나한羅漢의 개분불사에 증명證明하다. 그 뒤로 세상을 피하고 이름을 숨기고자 하여, 갑산甲山에 자취를 감추다.

1905년 57세, 강계江界에서 선비, 담여淡如 김탁金鐸을 만나다.

1906년 산골 서당을 열어 아동을 지도하다.

박난주朴蘭珠 혹은 송진사宋進士라 은칭隱稱하다.

1912년 64세, 4월 25일, 갑산甲山 웅이방熊耳坊 도하동道下洞에서 입적入寂. 법랍法臘 56세.

출처: 韓龍雲, 벽치낙어

◉ 일화 逸話

어느 때, 경허스님이 한양漢陽 봉선사奉先寺로 홍월초洪月初스님을 찾아 갔다. 월초스님은 홍대비洪大妃의 친정조카로서 출가하여 당시에 도총섭(都總攝:지금의 宗正)으로 있었다. 경허가 옷을 갈아입고 고요히 앉았는데, 월초月初스님이 이른다.

"오늘 저녁 산중대중山中大衆에게 선법문禪法問을 하시면 곡차穀茶를 실컷 대접하겠소."

경허스님 대답이 답한다.

"나는 곡차穀茶를 못 마실지언정 법문法問은 못하겠소. 법문法問이라는 법문法問은 모두 물에 씻어 버렸기 때문이오."

월초月初가 과연 도승道僧이라 찬하고 곡차穀茶와 안주를 대접하였다. 떠날 때 노자를 주니 "나는 돈하고는 이별離別한 지가 오래 되오." 하며 받지 않고 떠났다.

하나,

경허선사가 수제자首弟子인 삼월三月을 평한 이야기가 전한다. "정진精進은 수월水月을 능가할 자가 없고, 지혜智慧는 혜월慧月을 당할 자가 없으며, 월면月面(滿空)은 복福이 많아 대중을 많이 거느릴 것이다."

둘,

선문촬요禪門撮要는 오성월스님이 1902년 선문禪門의 지남指南을 모아 편집을 마치고, 경허선사에게 책제목을 의논하니, "선문촬요禪門撮要가 적당하겠다."고 하여, 책 제목이 되었다. 1902년 경허스님 54세 때의 일이다. 1800년대 후반 ─ 1900년대 초의 선지식善知識, 북수월北水月, 남혜월南慧月, 동한암東漢巖, 서만공西滿空이 모두 경허선사鏡虛禪師 초기의 제자들이다. 선문촬요禪門撮要를 편찬한 범어사 오성월선사吳惺月禪師도 경허鏡虛의 제자이다.

셋,

1902년 54세, 임인년壬寅年 가을, 화상이 범어사 금강암金剛庵에 주석할 때, 부산의 마하사摩訶寺에 나한羅漢의 개분불사改粉佛事가 있어 증명법사로 모시는데, 저물어 절 입구에 다다르니 어두워서 걷기가 어려웠다. 그때 마하사 주지가 졸고 있는데, 어떤 노老스님이 나타나 "큰 스님이 오시니 급히 나가 영접하여라."고 한다. 주지가 꿈에서 깨어 횃불을 들고 동구 아래로 가보니 경허화상이 오는지라, 나한羅漢의 현몽現夢인줄 알고서 대중에게 이야기하였다. 대중이 놀라면서 전일에 화상을 믿지 않고 훼방하던 사람들이 모두 와서 참회하였다.

넷,

1904년 56세, 해인사海印寺의 인경불사印經佛事를 매듭짓고, 부석사 수덕사를 거쳐 7월에 천장암天藏庵에 들러, 만공滿空스님에게 은근분부慇懃分付의 전법게傳法偈를 주었다. 그 해 가을에 월정사月精寺에서 화엄경설법華嚴經說法을 마치고, 금강산金剛山으로 들어간다. 금강산을 돌고 석왕사釋王寺의 오백나한五百羅漢 개분불사改粉佛事를 증명하고는 종적蹤迹이 묘연杳然하였다.

1906년경, 만주 등지의 북北쪽에서 수행하던 수월水月스님의 연락을 받고서야 경허선사가 삼수三水·갑산甲山 등의 관서關西와 관북關北 일대에서 비승비속非僧非俗으로 지내는 소식을 듣게 되었다.

1905년 선비 김탁金鐸을 만나 강계江界에서 7년간 산골 훈장노릇 하다가 64세에 입적入寂하였다.

다섯, (나를 때리지 못한다.)

경허스님이 마정령馬亭嶺이라는 재를 맨발로 넘어가는데, 그때 마침 산에서 나뭇짐을 지고 내려오던 초동樵童들이 보고 웃었다. 경허스님의 행색이 머리는 깎았으되 수염은 길렀으며, 맨발에다 자루를 짊어진 육척의 거인이다. 스님이 나무꾼 아이들을 불러놓고 물었다.

"너희들이 나를 알겠느냐?"

"저희들은 스님을 알지 못합니다."

"그러면 너희들이 나를 보느냐?"

"예, 지금 스님을 보기는 합니다."

"이놈들아, 나를 알지도 못한다고 하면서 나를 어찌 본다고 하느냐?"

주장자拄杖子를 아이들에게 내어 주며 말한다.

"얘들아, 누구든지 이 막대기로 나를 한 번 때려 봐라. 만약 너희들이 나를 제대로 때리기만 하면, 그 이 자루의 과자와 돈을 다 줄 것이다."

그 가운데 한 초동樵童이 나서서 주장자를 받아 스님을 쳤다. 그러자 스님이 아이들을 보고는 계속하여 말한다.

"때려 봐라. 나를 때려 봐라."

"저희들은 분명히 스님을 때렸습니다."

"하지만, 너희들은 나를 때리지 못했다. 만약 나를 때렸다면, 부처도 때리고, 조사祖師도 때렸다."

스님은 껄껄 웃으며 돈과 과자를 아이들에게 주고는, 마정령 고개를 넘어 가면서 노래 한 곡조를 읊었다.

舉世渾然我獨醒 거세혼연아독성
不如林下度殘年 불여임하도잔년

세상사람 모두 어두운데, 홀로 깨었음이여!
숲속에서 남은 생을 보내는 것만 같지 못하리.

(醒醒者는 不如逍遙者니라)

여섯, (설사 도인道人이라도 술법術法을 행하지 말라.)

천장암天藏庵에서 만공滿空스님이 공부하다가, 식식識이 맑아져 타심통他心通이 열렸다. 만공滿空이 사람의 마음과 세상일을 환하게 아는 경계境界에 이르러 사람들의 난제難題를 풀어 주곤 하였다. 그러나 경허스님은 신통神通을 사용하지 못하게 엄히 금하였다. 그러던 어느 날이었다. 경허스님을 시봉하던 경환이라는 아이가 경허스님한테 꾸지람을 듣고 밤중에 없어지자 경허스님이 만공스님을 불렀다.

"만공! 경환이란 놈이 어디로 갔는가, 자네가 알아보게."
"지금 경환이가 있는 곳은 나무 꼭대기입니다. 거기에 앉아 있습니다. 곧 들어와 잠잘 터이니 그리 염려하지 않아도 됩니다."

다음날 시봉 경환이가 말한다.

"어제 저녁에 스님을 약 올리려고, 마당 끝에 있는 괴목나무 위에 올라가 있었는데, 나를 찾느라고 야단들이 났더구먼요."
"그랬느냐? 만공이 무얼 알기는 아는구나."

하고는 만공스님을 불러 말씀하였다.

"만공! 서산대사西山大師께서, 설사 도道가 있어도 술법術法을 행하면 그 도인道人은 믿지 말라고 하셨다. 그러하니, 자네가 살고 남도 살려 줄 수 있는 일이 있다 할지라도, 앞으로는 그러한 짓은 하지 말게나."

이후로 만공스님은 이 말씀을 따라 아는 소리를 하지 않았을 뿐만 아니라, 신통神通을 사용하지 않았다.

일곱,

경허선사鏡虛禪師가 천장암天藏庵에 있을 때, 학인學人이 찾아와서 불법佛法을 물으면, 종일 그대로 앉아 있으면서 말씀이 없었다. 그러다가 어떤 이가 곡차穀茶를 올리면 그 곡차穀茶를 다 마시고 난 후에는 법문法問을 하루 종일 하였다. 만공스님이 경허스님에게 항의하였다.

"스님께서는 만인에게 평등平等하셔야 할 도인道人이신데, 어찌하여 그렇게 편벽偏僻하십니까?"

경허스님이 말하였다.

"법문法問을 술김에나 하는 것일세."

법문法問을 술김에나 하는 것이라 함은, 경허가 환幻으로써 환幻을 지우는 법문을 보인 것이다. 이는 법문法問이란 환幻으로써 환幻을 가리켜 환幻을 부숴 없애는 약藥이기 때문이다. 불법佛法이 어찌 홀로 서겠는가? 중생이 병病든 까닭에 약藥이 있는 것이라, 만약 중생에게 병이 없으면 그 약을 어디에 쓸 것인가?

그러나 곡차법문穀茶法問은 허물이 따르는 괴각법문乖角法問이다. 경허 한 때의 괴각법문乖角法問으로 그쳐야 한다. 뒷사람이 경허의 곡차법문穀茶法問을 흉내내지 않아야 하는 것이다. 경허가 말년에 북으로 떠난 까닭에는 곡차병습穀茶病習과 숙업宿業이 섞여 있는 것이니 뒷사람이 잘 살펴야 한다.

여덟, 송광사松廣寺의 점안불사點眼佛事

순천順川 송광사松廣寺에서 경허스님을 청하였다. 경허스님이 술에 얼근히 취해 나타났다. 법당法堂 안에 들어 선 경허스님은 성큼 단상으로 올라가더니 공양주를 불러서, 메고 온 바랑에서 돼지 다리와 술병을 끄집어냈다.

"이거 얼른 삶고, 술 데워 오게!"

젊은 승려들이 경허의 뜻밖의 행동에, 미친 주정뱅이를 쫓아내자는 공론公論이 일었으나 노장老丈스님들의 만류로 되어 가는 형편을 보기로 했다. 다음 날은 점안식點眼式을 거행하는 날이었다. 경허스님은 새벽 일찍 주장자를 끌고 법당 밖 냇가 넓다란 바위 위로 올라갔다. 바위에 올라앉은 스님은 눈을 지그시 감고, 좌선하는 자세로 조용히 앉아 있었다.

그 때 바위 주변으로 난데없이 커다란 호랑이들이 모여 들었다. 여러 마리의 호랑이 중에서 두 마리가 어슬렁어슬렁 스님이 앉아 있는 바위 위로 성큼 올라간다. 올라 간 호랑이들이 경허스님 앞에 굶어 엎드리며 절이라도 하는 듯했다. 두 마리의 호랑이를 따라, 바위 아래에 있던 다른 호랑이들도 스님께 절을 하는 성 보였다. 경허스님은 여전히 삼매三昧에 있었고, 호랑이들은 그 앞에서 설법을 듣는 자세로 웅크리고 있었다. 멀리서 이 광경을 바라보던 대중들은 사태의 변화를 지켜보며 숨을 죽였다. 한참 만에 경허 스님은 눈을 뜨고, 주위의 호랑이들을 한 번 둘러보았다.

"이제 다 물러가서, 해탈解脫의 문에 들도록 하여라."

경허스님의 우렁찬 말소리가 떨어지자, 호랑이들이 이윽고 일어나더니 조계산曹溪山 깊은 산 속으로 모두 사라졌다.

(이 일화에는 다른 견해가 있다. 고증과 판단이 쉽지 아니하다.)

아홉,

경허스님이 만년晩年에 7년여(1904-1912) 떠돌다 은거하여 지내던 곳은, 조선의 북녘 끝인 함경도 갑산甲山·강계江界 지방 이다. 스님이 강계 땅 장뚜루벌長坪洞을 지나던 때는, 57세 1905년 무렵이었다.

강계군江界郡 종남면終南面 한전동閑田洞에 사는 시골 선비인 담여淡如 김탁金鐸이 마침 고향 마을 근처의 장뚜루벌을 지나고 있었다. 그는 경허스님 보다 세 살 아래인 54세의 노인으로 그 지방의 유지有志였다. 무슨 일인지, 대여섯 명의 청년들이, 한 초로初老의 늙은이를 에워싸고, 발길질을 하고 있었다.

"이런 영감은 죽어도 그만이야! 나쁜 영감태기같으니라구."

경허鏡虛가 지나가던 동네 아낙네를 희롱戲弄했다고 청년들이 분격한 것이다. 고함 소리에 이 광경을 본 김탁金鐸은 젊은이들의 폭행을 말려 경허스님을 봉변에서 구해주었다. 청년들이 물러갔다. 이번에는 경허가 목청을 높였다.

"미친놈이 할 일이 없으면 제 길이나 갈 것이지, 괘씸하구나! 고얀놈 같으니라구! 너는 일을 제대로 알지도 못하고, 어찌하여 쓸데없이 참견을 하는고?"

김탁金鐸에게, 고맙다는 인사는커녕 호령을 하니, 어처구니 없는 노릇이었다. 김탁金鐸은 스님의 풍격風格과 기색氣色을 눈여겨보았다. 정기精氣 빛나는 안광眼光에 범상치 않은 풍채風采, 격외호걸格外豪傑의 풍기風氣가 보였다. 선비 김탁金鐸은 비범한 인물로 보이는 경허스님께 은근히 동행을 청하였다.

"어른을 몰라 뵈어 죄송하오. 시간이 허락하면, 누추하지만 저희 집에 함께 가주시겠소?"

경허스님이 마지못한 듯이 김탁의 뒤를 따랐다. 길을 걸으면서 이런저런 이야기를 나누다가, 김탁의 집에 와서는 법담法談을 하다가 밤을 그대로 밝혔다. 김탁은 밤새도록 무심無心과 무위無爲를 물었다. 김탁거사金鐸居士는 예사로운 인물이 아니었다. 경허와 김탁은 숙세宿世의 인연이 있었던 것이다.

김탁金鐸의 호號는 담여淡如이다. 담여淡如에는 염담허무恬淡虛無 무구진여無垢眞如의 뜻이 담겨 있다. 염담허무恬淡虛無는 도가道家에서 자성自性을 가리키는 말이요, 무구진여無垢眞如는 불가佛家에서 자성自性을 설명하는 말의 하나이다. 경허선사와 김담여 거사가 밤새워 법담法談을 나눔이 어찌 우연이겠는가? 더구나 무애객無碍客 경허鏡虛가 만년의 7년을 담여淡如와 벗하여 한 마을에서 지냈음을 보건대, 담여淡如의 인품과 지견知見이 범상凡常하지 않았을 것이다.

경허의 행주좌와行住坐臥에 드러나는 무심경계無心境界를 본 김탁은, 경허스님을 초연超然히 백형伯兄으로 모시며 배웠다. 경허는 계속해서 선비 박난주朴蘭舟로 행세하였다. 경허가 김탁의 집에 머물 때, 정성들여 음식과 옷시중을 드는 김탁의 부인 박씨를 계수씨季嫂氏(弟嫂氏)라 불렀다. 경허와 김탁은 한 식구와 같았던 것이다. 어느 날 경허가 부인 박씨에게 말한다.

"계수님은 여기 강계에서만 사실 분이 아니고, 장차 충청도 수덕사修德寺나 천장암天藏庵 근처로 가서 살 것 같소이다."

경허가 알 수 없는 예언豫言을 하였다. 경허선사는 강계에서 유생儒生 박난주朴蘭舟로 행세하며, 서당훈장書堂訓長이 되어 그 마을의 소년들을 가르쳤던 것이다. 강계江界에서의 경허鏡虛는 겉은 소박素朴하고 해맑은 선비였으며, 속은 깊은 삼매三昧에 들어 여업餘業을 지웠던 것이다. 동도지기同道知己인 담여 김탁과 어울려 7년을 지내던 경허鏡虛는 1912년 64세를 일기로 강계江界에서 입적入寂하였다.

그리고 담여淡如 김탁金鐸은 1919년 기미己未년 만세운동萬歲運動이 일어나자 중국에 망명하여, 4월에 상해 임시정부의 요인要人으로 참여하였다. 한편 그 부인 박씨는, 경허스님의 예언대로. 1945년 해방 뒤에 자손들과 함께 월남越南하여 1949년 충남 보령 땅에서 살다가 생을 마쳤다.

◉ **선문답 禪問答**

가야산伽倻山 해인사海印寺에서 결제結制 때, 법좌法座에 올라가, 주장자拄杖子를 들어 법상法床을 한 번 치고 이른다.

"삼세三世의 모든 부처와 역대 조사祖師와 천하의 선지식善知識과 노화상老和尙들이 모두 여기에 있다."

다시 주장자拄杖子를 들어 법상法床을 한 번 치고 이른다.

"삼세三世의 모든 부처와 역대 조사祖師와 천하의 선지식善知識과 노화상老和尙들이 모두 따라 온다."

또 다시 주장자拄杖子로 법상法床을 한 번 치고 이른다.

"삼세三世의 모든 부처와 역대 조사祖師와 천하의 선지식善知識과 노화상老和尙들이 모두 따라 간다. 대중은 알겠는가!"

대중大衆이 아무 대답이 없자 주장자拄杖子를 던지고 법좌法座에서 내려오자, 어떤 스님이 묻는다.

"옛 사람이 이르기를 「얼굴을 움직이며 '옛 길'에 드날려, 초연悄然한 기틀에 떨어지지 않는다.」 했으니 어떤 것이 '옛 길'인 고로古路입니까?"
"고로古路에 둘이 있으니, 하나는 평탄한 길이고 하나는 험한 길이다."

"어떤 것이 험로입니까?"
"가야산 아래로 천 갈래 길에, 거마車馬가 때때로 왕래한다."

"어떤 것이 평탄한 길입니까?"
"천길 절벽에 사람이 올라 갈 수 없고, 오직 원숭이가 거꾸로 나무에 올라간다."

제2화

경허선사鏡虛禪師가 여름 해제 날 법좌法座에 올라, 동산洞山화상이 대중에게 말한 구절을 들어 이른다.

"초가을 여름 끝에 형제들이 동쪽으로도 가고 서쪽으로도 가는데, 모름지기 만리萬里에 풀 한포기도 없는 곳을 향하여 가거라."

경허선사鏡虛禪師가 또 이른다.

"나는 그렇지 않아서, 초가을 여름 끝에 형제들이 동쪽으로도 가고 서쪽으로도 가는데, 모름지기 길 위에 잡초들을 일일이 밟고 가야 옳도다. 그렇다면 내 말이 동산의 말과 같은가 다른가."

대중이 대답이 없자, 묵묵히 있다가 이르기를,

"대중이 대답對答이 없으니, 내가 스스로 답答하리라."

하고는, 문득 법좌法座에서 내려와 방장方丈으로 돌아갔다.

제3화 콩 법문

혜월수좌慧月首座가 경허선사鏡虛禪師에게 묻는다.
"관세음보살觀世音菩薩이 북北으로 간 뜻이 무엇입니까?"

경허선사鏡虛禪師가 답한다.
"콩 한 되에 두 돈도 하고, 서 돈도 하니라."

제4화

경허선사鏡虛禪師의 명성을 듣고 정처사鄭處士라는 거사居士가, 어느 날 천장암으로 경허선사鏡虛禪師를 찾아 왔다. 정처사는 방

房으로 들어가자, 인사도 않고 경허스님鏡虛禪師의 맞은편에 그냥 주저앉았다. 그것을 본 경허스님鏡虛禪師은 즉시 한문문장漢文文章인 토사성문吐辭成文으로 말했다.

此處海隅僻地로 차처해우벽지
久不見龍蛇려니 구불견룡사
今日來者는 금일래자 是龍耶是蛇耶야 시룡야시사

이곳은 바닷가의 구석진 벽지로서,
오랫동안 용도 뱀도 보지 못했는데,
오늘 온 이는, 용인가, 뱀인가?

하였다. 정처사鄭處士가 자리에서 일어나 경허선사鏡虛禪師에게 절을 하고는, 역시 토사성문吐辭成文으로 대답했다.

釋迦佛拜釋迦佛이요 석가불배석가불
彌勒佛拜彌勒佛이요 미륵불배미륵불

석가부처가 석가부처에게 절하고,
미륵불이 미륵불에게 절합니다.

제5화

계룡산鷄龍山에 태평상인太平上人이라는 지덕智德을 겸비한 스님이 있었다. 태평상인太平上人은 영해寧海의 박진사朴進士 태평泰平거사와 다른 인물이다. 태평상인太平上人은 박판서朴判書의 아들로써 일찍이 출가수행出家修行하였으며, 기행奇行을 서슴치 않아

널리 이름이 났다. 태평太平스님이 경허선사鏡虛禪師를 찾아 천장
암天藏庵에 들렀다가, 경허선사가 서산瑞山 부석사浮石寺에 출타했
다는 말을 듣고는 다시 부석사浮石寺까지 찾아 갔다. 태평상인太
平上人이 방문을 활짝 열고 들어서기가 무섭게 한 마디 던졌다.

"무엇이 달마대사가 서쪽에서 온 뜻인가?" (如何是 祖師西來意인가?)

경허선사는 아무 대꾸도 없이 대뜸 주장자를 들어 태평太平스
님을 쳤다. 태평상인太平上人이 다시 말한다.

"때리기는 때렸어도, 조사서래의祖師西來意는 아니다."

그러자 경허선사가 되받아 묻는다.

"무엇이 달마대사가 서쪽에서 온 뜻인가?" (如何是 祖師西來意인가?)

그 말을 듣고 태평상인이 즉시 주장자로 경허선사를 쳤다. 그
러자 경허선사가 말한다.

"사자獅子는 사람을 물고, 한韓나라 개는 흙덩이만 쫓는다." (獅子咬
人하고 韓盧逐塊로다.)

제6화

해인사海印寺에 조실祖室로 있던 어느 날, 경허스님이 경상도
예천禮川의 석두거사石頭居士 김병선金炳善을 찾아갔다. 석두거사
石頭居士가 앉아 있는 방房안으로 들어갔는데, 석두거사는 아는
체 아니하고 묵묵黙黙히 앉아 있었다. 경허스님과 서로 마주 보
면서도, 우두커니 바라보며 앉아 있었다. 주객主客은 한참 동안
서로 말 없이 앉아서, 마주보기만 하였다. 경허스님이 이윽고 말

문을 열었다.

"석두거사石頭居士! 내 그대의 성화聲華를 들은 지가 오래더니, 과연 헛된 이름이 아니로세."

"혹여 경허대사가 아니시오. 헌대 어디에서 나를 보았오?"

"악!"

"가을바람이 반야를 깨우누나."

"석두!"

석두거사石頭居士와 경허스님鏡虛大師은 마주보고 크게 웃었다. 그리고 흔연히 법담法談을 나누며 밤새워 곡차穀茶를 마셨다. 주객主客은 모처럼 법우法友를 만나, 며칠을 같이 지냈다.

출처: 벽치낙어

제7화

경상남도 고성군 동해면 장기리에 묵근자墨根子라는 거사가 있었다. 그의 성명은 묵희墨熙(1878-1938?)이다. 그는 본시 중국인으로 청나라에서 귀화하여 고성에서 살고 있었는데, 서당을 열어 아해들을 가르치는 외에 늘 독서讀書와 묵좌默坐에 젖었다. 그리고 홀로 들과 산을 거닐었다. 선정禪定이 깊었다고 한다. 1989년 경 경허대사鏡虛大師의 명성을 듣고 편지를 보내어 법法을 물었다. 당시 경허는 범어사에 머물며 답한 듯하다. 답서는 아래와 같다.

"대저 일점 신령한 마음은 확연廓然히 말쑥하여 공적영지空寂靈地(田

地)에 터럭만한 흔적도 없습니다. 따라서 도달할 본래 자리에 도달하면 자기의 밖이니 자기니 하며 지리支離하고 모호하게 구별할 필요가 없습니다. 이 경지에 이르면 자유自由라는 두 글자도 쓸데없는 말일 뿐입니다."

夫一點靈臺, 廓然淨盡, 絶廉纖, 勿痕縫於本有田地. 到其所到, 不用支離塗糊於己之外與己矣. 其自由二字, 亦閒言語.

묵근자墨根子는 속칭 묵군자墨君子로 알려져 있는데, 묵군자墨君子는 묵근자墨根子의 착음錯音이다. (1981년 간행된 경허법어는 묵군자라 하였으며, 墨根子의 사는 곳과 경허와 주고받은 내용이 본고와 같지 않다.)

묵근자墨根子가 행주좌와行住坐臥에 삼매三昧가 한결같다고 하며 경허대사에게 편지로써 공부를 물으니 경허가 답한다.

"반야삼매般若三昧의 힘으로 금강金剛의 바른 정定에 편안히 머물고 계신다니, 도체道體가 평안하고 만복하심을 축하합니다. 이 중(추독 鯫禿)은 도道에는 진전이 없고 사람을 제도하지 못하고 있으니, 비록 평안하나 무슨 말을 하리오. 드릴 말씀은 지난번에 보내주신 염기가 拈己歌와 두 연구聯句를 쓴 것은 이 글씨 이 노래를 평범한 세상 사람이 어찌 할 수 있는 것이겠습니까! 너무도 좋아서 완상玩賞하느라 글씨의 먹이 변하고 종이가 헤질 지경입니다. 진상서陳尙書(진조陳操)와 방거사龐居士가 이 세상에 다시 있을 줄 생각지도 못했습니다. 고인이 이르기를 "지극한 이치를 궁구하는 것은 깨달음을 법칙으로 삼는다.(硏窮至理, 以悟爲則)" 하였습니다. 대저 불법을 배우는 이들이 실지實地를 밟지 못하고 문자나 알음알이로만 불법을 알다가 죄다 업풍業風의 힘에 휘둘려 마침내 실패하고 마니, 자신을 스스로 잘 점검하여 공부를 정밀하게 해야 합니다. 서로 사는 곳이 다소 멀어 만나서 회포를 풀지는 못하지만 심월心月은 거리에 구애되지 않으니, 그저 이 심월心月의 삼매三昧로 서로 만나고자 합니다. 마침 인편이 있기에 몇 자로 안부를 묻습니다. 이만 줄입니다. 대필代筆하게 하는 터라 예禮를 모다 갖추지 못합니다. 합장하고 올립니다."

以般若三昧力安住金剛正定, 爲賀道體寧福. 鰍禿於道未進, 於人未度, 雖安何道? 就控向惠拈己歌與二聯寫, 此筆此咏, 豈常世人所能哉! 淸賞愛翫, 不覺墨渝紙弊. 陳尙書·龐居士, 不意復有於斯世也. 古人云 "硏窮至理, 以悟爲則." 大抵學佛者脚不踏實地, 文字知解, 盡是風力所轉, 終成敗壞, 自家點檢理會, 不得鹵莽. 相去稍遠, 未能面穩, 心月無間, 只得以此三昧相團. 適有信便, 以數字相候, 餘客腕代草, 不備. 和南.

경허대사에게 거사가 공부를 물으면 반드시 즉답했다고 한다. 묵근자墨根子는 초서체草書體의 신필神筆로 알려졌으며, 그의 행서 유작行書遺作 육경일금(六經一琴)에 대하여 근세의 명필名筆 청남菁南 오재봉거사吳齋峰居士가 평하기를 "육경일금六經一琴의 글씨는 무심無心의 경지境地에서 우연히 사출寫出된 것이다." 하며 극찬極讚하였다.

묵희墨熙의 호는 묵근자墨根子, 경산敬山, 구절산인九節山人이다. 매일신보 기사(1937년 4월 25일자) 제자題字로 쓴 북송北宋의 신유학新儒學 개조開祖, 주염계周濂溪의 시구詩句, 光風霽月(광풍제월)이 그의 글씨이다. 묵희墨熙는 한국의 독립을 주창하다가 3년간 옥고를 치르기도 하였다.

수월음관
水月音觀
1855–1928

1855년 홍성에서 출생. 속성俗姓은 전씨田氏이다.

1883년 29세.

서산 천장암天藏庵에서 태허성원太虛性圓에게 출가. 태허太虛 스님은 경허鏡虛스님의 속가俗家 친형親兄이다. 태허太虛스님이 친모親母를 모시고 있었다. 경허鏡虛와 박태평거사朴泰平居士, 수월水月, 혜월慧月, 만공滿空, 정처사鄭處士 등의 만남이 모두 천장암天藏庵에서 이루어진다. 수월水月은 천장암의 부목負木으로 있었다.

1887년에 33세, 겨울에 천수주를 외우다가 불망념지不忘念智를 얻고 경허鏡虛의 지도를 받고서 오도悟道하여 경허鏡虛의 인가印可를 받다.

1888년, 해인사海印寺.

1889년, 월정사月精寺 상원암上元庵에서 한암漢岩과 함께 정진.

1890년, 금강산金剛山 유점사楡岾寺.

1892년, 금강산金剛山 마하연摩訶衍.

1897년, 묘향산妙香山 중비로암中毘盧庵에 가서 3년 동안 염불삼매
念佛三昧에 들다.

1900년, 묘향산妙香山 보현사寶玄寺 조실祖室.

1903년, 강계군 천마산天摩山 자북사子北寺 객거客居.

1905년? 강계에서 경허스님과 조우?

1906년, 은거隱居. 인편에 경허선사의 족적을 남쪽에 전하다.

1912년, 스승 경허선사 입적.

1913년, 백두산 밑 어느 농가에서 3년간 소를 돌보다.

1916년, 동녕현 동삼차구東三岔溝에서 6년간 은거만행隱居萬行.

1921년, 왕청현 나자구蘿子溝에 화엄사華嚴寺를 짓고 8년 주석.

1928년 7월 16일 세수 74세, 법랍 45년으로 입적.

일설에 수월스님은 어릴 때는 인근 고을에서 머슴을 살다가,
20대에 천장암天藏庵에 절 머슴인 불목하니負木로 들어왔다가, 29
세인 1883년에 태허스님을 은사로 출가出家했다고 한다.

다른 설說이 있다. 설정스님(2015德崇山 定慧寺)에 의하면, "수월
水月선사는 천장암天藏庵 아래의 갈산마을 사람으로, 전씨田氏이
며, 독자獨子였고, 어려서 출가했다."고 한다. 이것은 설정이 수월
선사水月禪師와 같은 마을 출신이었던 지선노스님으로부터 들었
다고 한다.

수월水月은 천장암天藏庵에서 경허선사鏡虛禪師를 만나서 불법
공부佛法工夫를 본격적으로 하게 되었다. 집안이 가난하여 배우지
못한 수월水月은 문맹文盲이었다. 불법공부佛法工夫도 천수경千手

經의 대비주大悲呪를 듣고 외워서 오직 주력呪力으로 정진精進했다고 한다. 수월水月은 천장암의 잡일을 하면서 행주좌와行住坐臥 어묵동정語黙動靜에 항상 천수대비주千手大悲呪를 염念하였다.

주력삼매呪力三昧에 들어서 자신도 모르게 방광放光을 하여 주위 사람들을 놀라게 한다. 수월水月은 우직하게 대비주진언大悲呪眞言 외우는 것에만 열중했다. 주력공부呪力工夫를 간단間斷없이 하여 다라니삼매三昧에 들었다. 이 공력으로 수월은 한 번 들으면 잊어버리지 않는 불망지不忘智와 병病을 치유하는 신통神通을 얻게 되었고, 소문이 나자 그를 찾아오는 환자患者들이 나날이 늘어났다.

일심一心으로 주력공부呪力工夫에 전념하여, 33세인 1887년에 오도悟道했다. 오도悟道 후, 천장암을 떠나서 해인사海印寺·월정사月精寺의 상원암上元庵·금강산의 유점사楡岾寺와 마하연摩訶衍·묘향산의 비로암毘盧庵등에서 후학들을 지도하면서 계속해서 대비주大悲呪로 정진하였다. 수월선사水月禪師는 국내의 명찰名刹을 두루 거친 후에, 만주지방으로 발길을 잡았다.

수월선사水月禪師가 북쪽으로 거처를 옮긴 까닭은, 치료를 구하는 환자患者들이 자꾸 찾아와서 공부할 겨를이 없어서 북으로 피신했다는 설이 있다. 다른 설은 스승 경허선사鏡虛禪師를 찾아 함경도 삼수·갑산으로 다니다가 북쪽으로 나아가게 되었다고 한다.

수월선사水月禪師의 만년은 대체로 철우스님(1895-1979)의 전언傳言과 소문과 추측이 전부라 하겠다. 경허스님의 입적을 인편으로 혜월스님에게 알린 이가 수월스님이라는 얘기가 전한다.

수월선사水月禪師가 처음 두만강을 건너 북행北行할 적에, 두만강 가까이에 있는 회막동에서 잠깐동안 소 떼를 돌보는 일꾼 노릇을 하기도 했으며, 수월水月은 북행을 계속하여 만주와 러시아의 국경지대인 수분하로 들어갔다고 한다. 다시 얼마 지나지 않아 왕청현 나자구 송림산松林山으로 들어갔다.

1921년 왕청현 나자구에 작은 절을 지어 화엄사華嚴寺라 하였다.

1928년 7월 16일 화엄사華嚴寺에서 8년 동안 주석하다가, 세수 74세, 법랍 45년으로 입적했다.

만해 한용운이 발행하던 잡지인 불교는 수월스님이 북간도에서 입적하고 6개월 뒤에야 열린 추도식에 즈음하여 "전 조선朝鮮을 통하여 현대의 유일한 대선지식大善知識이신 전수월대선사田水月大禪師께서 열반하셨다."고 알렸다. 일찍이 경허선사鏡虛禪師가 수제자首弟子들을 비교하여 평評함에, "정진精進은 수월水月을 능가할 자가 없다."고 하였다.

● 일화 逸話

제1화

수월선사水月禪師가 만주滿洲에 머물고 있었을 당시는 비적匪賊이 마을을 습격하여 약탈을 자행하던 시절이다. 비적을 막기 위해 집집마다 황소만큼 큰 개를 길렀다. 이 개들은 마을 사람들은 물지 않지만 낯선 사람이 나타나면 사납기가 맹수와 같았다.

특히 밤에는 이 개들을 풀어 놓아 마을로 숨어 들어오는 비적과 외부인의 접근을 경계하였다. 어느 해 가을, 수월水月스님은 사람들의 밤길을 걷게 되었다. 수월의 발길이 어느 마을 어귀에 들어선 순간 마을을 지키고 있던 만주 개, 한 마리가 사납게 울부짖더니 동네 개들이 모두 짖기 시작하였는데 그 소리가 만주 벌판을 울렸다. 주민들이 비적 떼의 출몰로 이해하고 개 줄을 풀어 놓았다. 그러자 수십 마리의 개가 수월스님이 들어서던 마을 어귀로 몰려나왔다. 그런데 얼마 지나지 않아 개소리가 뚝 끊겼다. 이상히 여긴 마을 주민들이 조심스레 하나 둘 모여들었다. 마을 주민들이 믿을 수 없는 광경을 보게 되었다.

낡은 한복을 입은 초라한 노인이 달빛을 받으며 서 있는데, 그 앞에는 미친 듯이 달려 나간 마을 개들이 모두 무릎을 꿇고 꼬리를 살랑거리면서 얌전하게 앉아 있었던 것이다.

제2화

항상 누더기 옷으로 지냈던, 말이 적은 수월선사水月禪師는 늘 손에서 일을 놓지 않았다. 천장암天藏庵에서 지낼 적에 방문객의 짚신을 밤새 만들어 다음 날 새 짚신을 신겨서 보낸 일화는 유명하다.

만주滿洲에 가서도 여전히 낮이면 밭을 갈고 밤에는 짚신을 삼았고, 산 고개나 길목에 주먹밥과 짚신을 준비해 두고서 아무나 먹고 신도록 하였다고 한다.

수월선사의 신통神通에 얽힌 일화가 여러 모양으로 전해 온다.

그 내용은 주로 천안통天眼通이 열려서 사람이 찾아올 것을 미리 알거나, 도반道伴을 벌罰주던 신장神將들을 달래는 이야기나, 법력法力으로 난치병難治病을 간단하게 치료하는 이야기가 주主를 이룬다.

수월선사水月禪師는 자신을 드러낸 적이 없지만, 만주 일대에 수월水月의 이름과 보살행菩薩行을 널리 알려졌다고 한다. 왜놈을 피하거나 독립운동獨立運動 등으로 만주지역에서 활동하다가 남쪽의 고향으로 돌아간 이와 묘향산妙香山 위쪽에서 수행하던 수좌首座들의 입에서 입으로, 수월水月의 묘행妙行을 전해왔다. 수월선사水月禪師의 삼매三昧와 신통神通과 끊임없는 수행修行은 선가禪家의 묵묵수행默默修行의 모범模範이 되었다.

● 선문답 禪問答

오대산五臺山 상원사上元寺에 머물던 수월水月스님이 북쪽으로 떠나기 전에 마지막으로 천장암天藏庵에 들렀다. 사제師弟인 만공滿空과 마주 앉아 저녁공양을 하다가, 수월水月이 숭늉그릇을 들어 보이며 말하였다.

"만공滿空! 이 숭늉그릇을 숭늉그릇이라 하지도 말고, 숭늉그릇이 아니라 하지도 말고, 한마디로 일러 보게."

그러자 만공滿空스님은 수월水月스님이 들고 있던 숭늉그릇을 받아서 문밖으로 던져 버렸다. 수월스님은 고개를 끄덕였다.

"잘 했어. 정말 잘 했어!"

제2화

수월화상水月和尙이 당시 국내 최대사찰인 묘향산妙香山 보현사普賢寺 조실祖室로 있을 때였다. 묘향산 금선대金仙臺에서 홀로 솔잎으로 연명하며 정진精進에 정진精進을 거듭하던 20대의 젊은 철우수좌首座가 견성見性한 것을 알아보았다. 철우鐵牛(1895-1979)를 인가認可하고 이른다.

"이제 남쪽으로 내려가 납자를 제접하라."

철우鐵牛가 걸망을 지고 일주문을 나설 때, 수월水月스님은 일주문 옆에서 호미로 감자밭을 메고 있었다. 철우鐵牛가 수월水月에게 물었다.

"남쪽에서 어떻게 중생을 교화할까요?"

그러자, 수월水月스님이 호미를 들고 두 팔을 벌린 채, 몸을 휙 돌려 춤을 추면서,

"이렇게 이렇게 하라."

고 했다. 그러자 철우鐵牛가 걸망을 진채로 같이 춤을 덩실 덩실 추면서,

"이렇게 이렇게 하겠습니다."

라고 화답했다. 그러자 수월水月이 철우鐵牛를 보고 일렀다.

"다시는 의심하지 말라."

수월水月스님이 중국 북간도에 있던 화엄사華嚴寺에 주석하던 만년에, 어떤 독립군단원이 부상을 입어서 치료차 화엄사華嚴寺에서 며칠 머물 적에 들려 준 법문法問이라 한다.

"도道를 닦는다는 것이 무엇인고 하니, 마음을 모으는精一執中걸세! 이리 모으나 저리 모으나 어떻게 해서든지 마음만 모으면精一執中 되는 걸세! 하늘 천 따지를 하든지 하나 둘을 세든지 주문呪文을 외든지 어쨌든 마음만 모으면 되네! 공부가 별다른 데 있는 게 아닐세. 나는 천수대비주千手大悲呪로 통通한 사람일세! 만약 마음을 모으면精一執中 공부가 지어지는 것일세! 아무리 생각을 안 하려 해도 옴마니반메훔이 우뚝하게 되면 차츰 밝아지는 것일세! 이 공부는 죽고 난 뒤에도 그만두지 않겠다는 생각으로 힘을 다해야 된다네!

요즘 사람들은 쓰잘데기 없는 몸과 마음에 끄달려! 한 가지만 가지고 끝까지 공부工夫해야 하는데, 사람들이 조금하다가 안 되면 그만 팽개치거든, 대개 염불念佛을 열심히 해야 할 사람이 딴 공부를 하니 공부가 잘 안 되는 걸세.

무슨 공부방법이든지 일념一念으로 해야 돼. 일념一念을 이뤄야 공부가 되어 가는 걸세. 한 집안에 천자天子가 네 명 나는 것보다 도道를 깨친 참 스님 한 명 나는 게 낫다네! 어렵게 사람 몸 받아서 참나를 깨치지 못하면 이보다 더 큰 죄가 어디 있겠는가?"

혜월혜명
慧月慧明
1862-1936

● 약적 略跡

1861년, 충청도 예산禮山에서 출생, 속성은 신申이다.

1872년 12세, 덕숭산 정혜사定慧寺의 안수좌에게 출가. 사찰의 잡일을 하다.

1879년 19세,
어느 날, 의심이 돈발頓發하여 뒷방에 들어가 문을 걸어 잠그고 삼매三昧에 들었다. 그렇게 하루 밤낮을 앉아 있다가, 홀연히 문을 열고 나와서, 은사恩師인 안수좌安首座에게 자기의 느낀바 경계를 말하였으나, 은사스님이 말했다.

"도무지 무슨 소린지 알 수 없구나. 개심사開心寺 경허鏡虛큰스님에게 가서 여쭈어 보거라."

혜월慧月은 그 길로 개심사開心寺를 찾아갔다. 경허스님의 방문 앞에 이르자, 다짜고짜로 말한다.

"관음보살觀音菩薩이 북北으로 향한 뜻이 무엇입니까?"

경허鏡虛스님이 방문도 아니 열고 말한다.

"그것 말고, 또?"

문 밖에서 아무런 대답이 없자, 경허스님이 방문을 열고 내다보니, 마당에 혜월스님이 아무 말 없이, 주먹 하나를 높이 들고 서 있었다. 그제야 경허鏡虛스님이 부드럽게 말한다. "들어와서 앉아라."

1880년 20세,

혜월은 은사인 안수좌가 환속을 하자, 경허선사를 모시고 본격적으로 공부를 하게 된다. 어느 날 천장암天藏庵에서 경허스님이 임제선사臨濟禪師의 법문을 설법하는데,

四大는 不解說法聽法하고
虛空도 不解하나니 說法과 聽法을
只於目前에 歷歷孤明인 勿形段者가
始解說法聽法하니라

사대四大는 법法을 설說하거나 법을 들을 줄도 알지 못하며,
허공虛空도 법을 설하거나 법을 들을 줄 알지 못하되,
다못 눈앞에 역역歷歷히 홀로 밝아서 형단形段이 없는 놈이라야
비로소 법을 설하거나 법을 들을 줄도 안다.

는 구절에 이르렀다. 혜월慧月은 이 법문을 듣고 문득 의심이 생겼고, 항상 '역역고명歷歷孤明 물형단자勿形段者(역역歷歷히 홀로 밝아서 형단形段이 없는 놈)'를 잊지 않았다.

1884세 24세,

경허스님의 수심결修心訣 강의講義를 듣고 "但知不會단지불회하면
是卽見性시즉견성이라. 즉, 다만 회會하지 않는 줄 알면, 이것이 곧
견성見性이다."에서 그 뜻을 깨달았으나, 그전부터 잊지 않고 있던
임제臨濟의 '역역歷歷히 홀로 밝아서 형단形段이 없는 놈(歷歷孤明
勿形段者)'에 대한 의심을 온전히 해결하지 못하였다.

하루는 짚신을 삼다가 마지막에 신발의 코를 고르느라고 짚신골
을 두드리다가 '톡' 하는 소리에 그동안 갑갑하던 '歷歷孤明 勿形
段者'를 해결한다. 혜월에게 변화가 일어난 것을 알아 본 경허스
님이 묻는다.

> "자! 목전目前에 '역역歷歷히 홀로 밝아서 모습이 없는 놈歷歷孤明 勿
> 形段者'이 무엇인지 일러 보아라."
> "저만 알지 못할 뿐 아니라, 모든 성인도 이것을 알지 못합니다."
> "그렇다면, 무엇이 혜명慧命인가?"

> 혜월이 일어서서, 방안을 이 끝에서 저 끝으로 왔다갔다 한다.
> "그래. 옳다."

경허스님이 수긍하였다. 그리하여 혜월수좌는 경허선사의 인가印
可를 받고, 스승으로부터 "제자 가운데서 지혜智慧는 혜월慧月이 가
장 높다."는 평을 듣는다. 경허선사가 전법게傳法偈를 전한다.

> 了知一切法 요지일체법
> 自性無所有 자성무소유
> 如是解法性 여시해법성

卽見盧舍那 즉견노사나

일체의 법을 알아 마치면,

자성自性에 정념情念이 없네. (자성自性에 아무것도 없네.)

이와 같이 법성法性을 알면,

곧 노사나불盧舍那佛을 보니라.

혜월선사慧月禪師는 오도悟道 후, 호서지방湖西地方에서 보림保任 하였다.

1912년 51세,

만공滿空과 함께 함경도 갑산甲山에 가서 입적한 스승, 경허선사鏡虛禪師의 시신尸身을 다비하고 돌아온 후로 남방南方으로 내려와서 법을 폈다. 도리사桃李寺 · 파계사把溪寺 성전암聖殿庵 · 울산 미타암彌陀庵 · 통도사通度寺 극락암極樂庵 · 천성산千聖山 내원사內院寺에서 조실祖室로 주석하면서 탁월한 선지禪旨로 후학을 지도하여 선풍禪風을 드날렸다.

"신혜월 미투리방망이에 남방선지식이 다 빙소와해氷消瓦解되었다."

혜월선사慧月禪師의 명철明徹한 선지禪旨에 감화感化 입은 제방선객諸方禪客들의 말이다. 선지禪旨가 높은 혜월慧月의 일상은 소박素朴하고 부지런하였다. 특히 경제적으로 열악했던 사찰의 자급자족自給自足을 위하여 항상 논밭을 새로 일구는 일을 하였다.

공부하러 찾아온 수행납자修行衲子들을 전답개간田畓開墾에 참여하게 하였다. 혜월선사慧月禪師가 개간한 논밭이 많았다. 그리하여 "혜월이 있는 곳엔 항상 개간사업을 벌린다."는 말이 있었다.

만년晩年에 제방諸方에서 무심도인無心道人의 표상表象으로 존숭尊崇하였다. 부산 백양산白羊山 선암사仙巖寺에 조실祖室로 있었는데, 혜월慧月의 문하에는 항상 구도객求道客이 끊이지 않았다. 남방南方에서 오랫동안 주석하면서 올곧은 참선수행參禪修行의 기풍氣風을 심었다. 뒷날(1940-2016) 부산釜山과 경남慶南에 승속僧俗의 경계 없는 수행풍토修行風土가 일어나, 부산과 경남이 한국불교의 근간지역根幹地域이 된 것은 혜월선사慧月禪師로부터 시작된 것이라 해도 과언이 아니다. 혜월선사慧月禪師 이후로 부산釜山과 경남慶南에 운봉雲峯, 운암雲巖, 석암石巖, 동산東山, 설봉雪峰, 경봉鏡峰, 철우鐵牛, 고암古庵, 동광東侊, 백봉白峰, 향곡香谷, 성철性徹, 지유至維 등의 선지식善知識과 지견知見 밝은 거사居士 7-8인이 나타난 것으로 차설此說의 증표證票로 삼을 수가 있다고 하겠다.

부산지방에 공부풍토를 세운 혜월선사慧月禪師는 부산 선암사仙巖寺에서 1936년 세수 77세로 입적하였다.

혜월선사慧月禪師의 열반상涅槃相은 독특하다. 평소에 늘 부지런한 혜월선사慧月禪師는, 만년에도 백양산白羊山 솔밭의 솔방울을 주워 자루에 담아서 메고는 선암사仙巖寺 부엌에 쌓아두는 것이 일과였다. 하루는 날이 저물도록 노老스님이 돌아오지 않았다. 신도信徒 한 사람이 선암사로 올라가던 중에 보니, 혜월선사慧月禪師가 바위에 앉아 솔방울 자루를 등에 붙인 채로 쉬다가 막 일어나려고 하는 것을 보게 되었다. 그 신도가 인사를 올리고, "노스님, 올라가시지요." 하면서 가까이 다가가서 보니, 혜월선사慧月禪師가 전혀 움직이는 기척이 없다. 다시 한 번 "노스님, 어서 올라가십시다." 하였는데도 미동微動도 않으신다. 그 신도가 가까이 다가가서 살펴보니 이미 열반에 들었던 것이다.

솔방울 자루를 등에 붙인 채로 바위에서 일어서려고 한 자세로! 1936년, 혜월선사가 입적入寂하였다.

(혜월선사의 입적 모습이 서천 17조 승가란제존자와 흡사하다. 승가란제존자는 과거칠불 이전에 바라왕불이었으며, 중국에 삼조 승찬(僧璨)으로 신심명(信心銘)을 남겼다가, 조주종심(趙州從諗)으로 모습을 나투어 120년간에 걸쳐 대법을 보였다.)

● 일화 逸話

제1화

덕숭산德崇山 정혜사定慧寺의 일이다. (1898년경) 한 밤중에 도둑이 들었다. 도둑은 쌀가마를 훔쳐내 지게에 지고 있었다. 쌀가마가 너무 무거웠든지 도둑은 제대로 일어서지 못하고 낑낑댄다. 그 때 누군가 지게를 살짝 밀어서 쌀가마를 얹어 주는 것이 아닌가. 도둑이 깜짝 놀라 돌아보자, 어떤 스님이 손을 입으로 가져간다. 혜월慧月스님이다.

"쉿! 들킬라. 조용히 하게! 자. 넘어지지 않게 조심조심 내려가게. 그리고 양식이 떨어지면, 또 오게나!"

도둑의 쌀 지게를 받쳐주면서, 쌀 떨어지면 또 오라는 당부까지 잊지 않았다.

1924년 음력 10월 15일. 백양산白羊山 선암사仙巖寺에서, 대중에게 선문촬요禪門撮要 중의 보조지눌普照知訥의 수심결修心訣을 가르치다가, 「단지불회但知不會하면 시즉견성是卽見性이라」는 구절에 이르자, 혜월선사慧月禪師가 말했다. "이것, 꼭 바로 새기면, 견성見性이여!" 입승立繩 근우수좌(根雨首座,동광혜두)가 답한다. "그까짓 걸, 누가 못 새겨요." 혜월선사慧月禪師가 "한번 새겨봐라." 하거늘, 근우수좌根雨首座가 "새기면 어찌 하시겠습니까?" 하니, 혜월선사慧月禪師가 "만약 바르게 새기면 내가 인가認可하지." 한다. 근우수좌根雨首座가 해석한다.

"다못 알지 못할 줄 알면, 이것이 곧 견성見性이다."

혜월선사慧月禪師가 "아! 요것 보게." 하더니, 이번에는 임제선사臨濟禪師의 법문에서 자신이 화두話頭로 삼았던 구절을 내보이며 근우수좌根雨首座에게 새겨보라고 한다.

四大不解說法聽法 사대불해설법청법
虛空不解說法聽法 허공불해설법청법
只於目前歷歷孤明勿形段者 지어목전역역고명물형단자
始解說法聽法 시해설법청법

근우수좌根雨首座가 새긴다.
사대四大는 법法을 설說하거나 법을 들을 줄도 알지 못하며,
허공虛空도 법을 설하거나 법을 들을 줄 알지 못하되,
다못 눈앞에 역역歷歷히 외로이 밝아서 형단形段이 없는 놈이라야

비로소 법을 설하거나 법을 들을 줄도 안다.

(형단形段이 없는 놈이란, 모습 없는 진여당체의 현전을 의미한다.)

혜월선사慧月禪師가 고개를 크게 끄덕였다. 뒷날 어떤 선객禪客이 혜월선사에게 물었다.

"스님의 제자가 많은데, 그 중에 누가 제일第一입니까?

혜월선사慧月禪師가 답하였다.

"화담華潭이 제일이지."

화담華潭이 곧 근우수좌요, 동광혜두선사東侊慧頭禪師이다. 화담華潭은 오성월吳惺月스님이 지어준 동광東侊스님의 법명法名이다. 화담은 1920년 21세에 견성見性하여, 용성선사龍城禪師가 대각교大覺教 이세二世로 지명指命 했으나 사양하고 만행萬行을 떠났다. 북송北宋의 황룡혜남선사黃龍慧南禪師가 원기선사圓機禪師에게 법法을 전했으나, 원기圓機가 사양하고 은거隱居한 것에 비유된다. 동광혜두東侊慧頭는, 1930년부터 은거하여 보림保任하다가, 1971-1975 다시 옛 도반 전강, 춘성, 혜암 등을 만나 법담을 나누고, 1976년 임종게를 쓰고 다음날 입적入寂하였다.

제3화

백양산白羊山 선암사仙巖寺에 선승禪僧들이 왔다. 통영 용화사龍華寺 도솔암兜率庵 선방禪房의 선객禪客들이다. 경허선사鏡虛禪師의 법제자法弟子, 천진도인天眞道人인 혜월선사慧月禪師를 조실祖室로 모시러 온 것이다.

그런데 혜월선사慧月禪師는 자신을 조실祖室로 모시고자 요청하는 서찰書札을 한 젊은 수좌首座 앞에다 밀어 놓았다. 그리고는 도솔암의 선객禪客들을 보고 젊은 수좌에게 "삼배三拜를 올려라." 고 하였다. 도솔암 선승禪僧들이 보니, 새파란 젊은 중이었다.

그는 묘향산妙香山 보현사普賢寺에서 수월선사水月禪師로부터 인가印可를 받고 남쪽으로 내려왔다가, 바로 혜월선사의 인가印可를 받아 법제자가 된 철우선사鐵牛禪師였다.

그때(1921) 철우鐵牛는 불과 27세였었다. 철우선사鐵牛禪師는 수월水月 혜월慧月의 인가印可를 받은 '청년 조실'로서, 통영 용화사 도솔암 조실을 시작으로, 대구 동화사 금당·파계사 성전암·금강산 마하연·순천 선암사 칠전선원 등에서 조실로 지내면서 선풍禪風을 드날렸다.

제4화

통도사通度寺 내원암內院庵의 다른 소 이야기가 있다. 소를 부려서 개간開墾을 계속하던 혜월선사慧月禪師의 내원암內院庵 회상會上에 박고봉朴古峰수좌가 찾아와 살고 있었다. 고봉古峰은 소 때문에 개간開墾작업이 계속되어 수좌들이 힘들다고 생각하여 소를 없애버리기로 작정했다. 하루는 혜월선사가 출타하자, 몇몇 스님과 작당하여, 절에 있던 소를 장에 내다 팔아 치웠다. 그 돈으로 곡차穀茶를 실컷 마시고 개간開墾으로 지친 피로한 몸을 풀고, 남

은 돈으로 맛난 반찬거리를 장만해 대중공양까지 해 마쳤다. 혜월선사가 절에 돌아와 보니 외양간에 소가 없어지고, 스님들은 저녁 예불도 안 하고 모두 술에 떨어져 자고 있었다. 혜월선사가 대중을 다 깨웠다. "누가 소를 가져갔느냐?" 제자들은 겁이 나서 말도 못하고 고봉수좌古峯首座만 바라보고 있었다. 혜월선사는 고봉 수좌의 소행인 줄 알고도 모른 체하며 고함을 쳤다. "누가 내 소를 가져갔느냐?" 대중들은 꿀 먹은 벙어리처럼 말이 없다. 스님이 툴툴거리면서 조실로 들어갔다. 그러자 고봉수좌古峰首座가 벌떡 일어나더니, 옷을 홀랑 벗고, 혜월선사의 방으로 들어가서는, 소처럼 엎드려서 네 발로 기면서 "음매!. 음매!" 하고 소 울음 흉내를 냈다.

그러자 혜월선사는 고봉의 볼기짝을 한 대 후려치고는 말했다. "내 소는 어미 소지, 이런 송아지가 아니다." 하고는 밖으로 내쳤다. 고봉수좌1890-1961는 만공스님의 수제자요, 숭산의 스승이다. 만공의 인가를 득하고, 혜월에게 와서 공부하였다.

제5화

74세, 1932년에 혜월선사慧月禪師가 백양산白羊山 선암사仙巖寺에 조실祖室로 다시 왔다. 4년 뒤, 선암사仙巖寺 뒷산에서 솔방울 자루를 등에 붙인 채, 바위에서 일어서려고 한 자세로! 열반에 든다.

혜월선사慧月禪師가 선암사仙巖寺에 오자 수행납자修行衲子들이 모여들기 시작했다. 혜월선사慧月은 대선지식大善知識으로 늘 학인을 지도하하면서도, 수행납자修行衲子들의 양식을 마련하고자 산지山地를 개답開畓하는데 힘썼다. 개간開墾과 농사農事를 위해서 소를 키웠는데 사람을 대하듯 소 '얼룩이'를 대했다. 어느 날 선암사에 도둑이 들어 새벽에 살펴보니 소가 사라졌다. 승려들은 난리였지만 혜월은 조용히 뒷짐을 지고 뒷산 백양산으로 올라갔다. 그리고 "얼룩아!" 하고 큰 소리로 소를 불렀다. 그러자 도둑에게 끌려 산모롱이를 돌아가던 소가 "음메" 하고 응답했다. 소는 혜월慧月의 부름에 응답하더니, 도둑이 때리며 끌어도 움직이지 않았다. 얼룩이 울음소리를 듣고 쫓아 간 대중들이 소도둑을 잡아 와서 두들겨 패기 시작했다.

이 광경을 본 혜월스님은 "소를 찾았으면 됐지, 사람은 왜 때리느냐." 하며, 도둑을 일으켜 세워 흙을 털어주고 등을 쓸어준다. "안 가겠다고 하는 소를 끌고 밤새 가셨으니 얼마나 힘들었겠나, 자 이제 어서 가서 쉬시게나." 그 도둑이 나중에 몰래 찾아와 혜월스님 밑에 출가했다는 이야기가 전한다.

어떤 스님이 혜월선사慧月禪師를 찾아왔다. 선사禪師가 물었다.

"자네 어디서 왔나?"
"전라도에서 왔습니다."
"이곳에 무엇 하러 왔는가?"
"참선공부參禪工夫하러 왔습니다."

"참선해서 뭣 하려고?"

"부처가 되려고 합니다."

"참선은 앉아서 하는가, 서서 하는가?"

"앉아서 합니다."

이에 혜월선사慧月禪師가 말하였다.

"그놈의 부처는 다리병신인 모양이지, 앉아만 있게!"

혜월화상慧月和尙은 절 대중들을 먹여 살리기 위해 가는 곳마다 산비탈을 개간해 논이나 밭을 만들었기 때문에 '개간선사開墾禪師'로 불렸는데, 선암사仙巖寺에 혜월慧月과 대중이 손수 개간하여 만든 논이 서 마지기가 있었다. 논을 사는 사람이 논 값을 속여서 혜월화상慧月和尙이 헐값에 그 논을 팔았다. 서 마지기를 두 마지기 값에 팔았다. 그러자 제자들이 속았다고 펄펄 뛰면서 야단들이다.

"스님, 그 돈은 논 두 마지기 값밖에 안 됩니다."

모두 속았으니 해약解約하라고 야단들이었다. 그러자 혜월화상慧月和尙이 말했다.

"두 마지기 값을 받고도, 논 서 마지기는 그대로 있지 않느냐! 장사는 이렇게 하는 걸세."

혜월화상慧月和尙은 논 서 마지기를 판돈으로, 논을 산 마을사람을 고용하여 밭 두마지기를 개간하였다.

혜월화상慧月和尙이 울산蔚山 미타암彌陀庵에 있을 때였다. 49재齋를 지내기 위해 신도에게 받은 돈, 백원을 가지고 장을 보러 갔는데, 마침 길가에서 울고 있는 여인을 만났다. 이유를 물으니 여인이 말이,

"저는 남에게 빚진 돈 팔십원이 있습니다. 독촉은 심한데 갚을 길이 없어 이렇게 길에 나와 피해 있습니다."

이 말을 들은 혜월선사는 더 이상 묻지 않고, 장 볼 돈 팔십 원을 내주면서 물었다.

"그래, 빚을 갚으면 당장 밥 지을 쌀은 있는가?"
"아이고 쌀이 다 뭡니까? 한 끼 죽거리도 없습니다."

혜월선사는 나머지 이십 원까지 그 여인에게 줘버렸다. 그리고는 그냥 빈손으로 미타암으로 되돌아 왔다. 다음 날 이 말을 들은 재주齋主는 다시 백 원을 내어 놓으며 말했다.

"스님 덕분에 참으로, 진짜 49재를 지냈습니다."

용성화상龍城和尙이 정혜사定慧寺로 혜월화상慧月和尙을 찾아왔다. 혜월화상慧月和尙이 묻는다.

"어디서 오시오?"
"천장암天藏庵에서 왔습니다."

혜월慧月이 앞에 놓인 목침木枕을 들고 묻는다.

"이것이 무엇인가?"
"목침木枕이요."

혜월慧月이 목침을 옆으로 옮기고는, 다시 묻는다.

"이럴 때에는 무엇이라 하겠는가?"
"이것은 제불諸佛이 광명光明을 밝히는 것이요."

혜월선사慧月禪師(1862-1936)에게 금봉錦峰(1890-1959)이 물었다.

"견성見性한 사람도 나고 죽음이 있습니까?"

혜월慧月스님이 말하였다.

"저 허공虛空을 보아라! 생生하고 멸滅함이 있더냐."
(뒷사람이 금봉錦峰의 견처를 의심하였다.)

운봉雲峰스님이 혜월선사慧月禪師에게 묻는다.

"삼세三世의 모든 부처님과 역대歷代의 조사祖師들이 어디에서 안심입명安心立命합니까?"

혜월慧月이 양구良久를 하니, 운봉雲峰이 다시 이른다.

"산 용龍이 어찌하여 죽은 물에 잠겨 있습니까?"

혜월선사慧月禪師가 운봉雲峰에게 묻는다.

"그럼 너는 어찌겠느냐?"

운봉雲峰이 불자拂子를 들어 보이니, 혜월선사慧月禪師가 즉시 "아니다." 하니, 운봉雲峰이 말한다.

"스님. 기러기가 창문 앞을 날아간 지 이미 오래입니다."

혜월선사慧月禪師가 크게 웃으면서 긍정肯定하였다.

"내가 너를 속일 수가 없구나."

제4화 안수정등岸樹井藤

도봉산道峯山 망월사望月寺에 주석하던 백용성白龍城스님이 안수정등岸樹井藤 이야기를 전국의 선사禪師들에게 물었다.

"등나무 넝쿨에 매달려 꿀방울을 먹던 그 사람이, 어떻게 하면 살아나겠는가?"

혜월慧月스님이 답하였다.

"알래야 알 수 없고, 모를래야 모를 수 없나니, 염득불명念得不明이니라." (염득불명念得不明이란 동념즉괴動念卽乖의 뜻)

만공滿空스님이 답하였다.
"어젯밤 꿈이니라." (昨夜夢中事니라.)

고봉古峰스님이 답하였다.
"아야! 아야!"

전강田岡스님이 답하였다.
"달다!"

용성龍城스님이 자답自答하였다.
"박넝쿨이 울타리를 뚫고 나가, 삼밭에 누웠도다."
(匏子穿籬出하여 臥在麻田上이로다.)

09
호은
湖隱
1862-1938?

● 약적 略跡

1862년
성씨姓氏, 출생지 미상未詳.

1872년
11세에 천은사天恩寺로 출가. 은사恩師 미상未詳.

1872-1932년
60여 년을 천은사天恩寺에서 사판승事判僧으로 지내며 염불당念佛堂이나 기도처祈禱處만 다니다.

1932년 겨울
천은사天恩寺 삼일선원三日禪院에서 선수행禪修行을 하는 수좌首座들을 보고 문득 공부에 뜻을 내어 삼일선원三日禪院의 동안거冬安居에 참여하다. 그 때 71세의 노구老軀였다.

1933년

박성월朴性月스님의 지도 아래 동안거冬安居 수행 중, 성월性月스님이 소참법문小參法問을 마치고 차를 마시는 여가에, 최혜암崔惠菴스님이 기우멱우騎牛覓牛의 도리를 물었다. 성월性月스님이 최혜암崔惠菴스님에게 "그대가 소를 타고 소를 찾는다니, 그 찾는 소는 그만두고 타고 있는 소나 이리 데리고 오너라."라 함을 옆에서 호은湖隱스님이 듣고, 자리에서 벌떡 일어나 춤을 덩실덩실 추며 큰 소리로 말하였다.

"대중 스님들은 몰라도 나 혼자만은 알았습니다. 타고 있는 소를 잡아 대령하였으니 눈이 있거든 똑바로 보시오."

성월性月스님이 호은노장湖隱老長을 조실방祖室房으로 데려가 온갖 공안公案을 물으니 막힘없이 답하였다. 또한 진심眞心이 현전現前함을 드러내 보이니 곧 인가認可하였다. 호은노장湖隱老長이 일언언하一言之下에 개오開悟한 것이다. 아래는 오도송悟道頌이다.

忽聞騎牛覓牛聲 홀문기우멱우성
頓覺卽時自家翁 돈각즉시자가옹
非去非來法性身 비거비래법성신
不增不減般若峰 부증불감반야봉

홀연히 소 타고 소 찾는다는 말을 듣고
즉시 자기의 주인공을 깨달았네.
오고 감이 없는 것이 법성신이요,
늘거나 줄지 않는 것이 반야봉이라.

1933년 봄

해제하기도 전에 금강산金剛山 안변安邊 석왕사釋王寺에서 조실祖室
스님으로 모셔가다.

1935년

금오태전金烏太田(1896-1975)화상이 석왕사釋王寺에 가서 호은노장湖
隱老長을 삼년을 모시고 지내며 실참實參하여 지견知見이 열리다.
금오화상은 호은노장湖隱老長 입적 후, 수덕사修德寺의 만공화상滿
空和尙에게 갔다.(口傳)

1938년경

입적入寂하다. 영롱玲瓏한 사리舍利가 다수多數 나왔다고 전한다.
임종게臨終偈는 전하지 아니한다.

● 일화逸話

호은湖隱스님의 노수일화老修逸話

1932년경 겨울, 지리산智異山 천은사天恩寺 삼일선원三日禪院에
서 통도사通度寺의 박성월朴性月스님을 조실祖室로 모시고 전국에
서 선객禪客 오십여 명이 모여 한철 정진精進을 하고 있었다. 당
시 천은사에는 칠십여 세의 호은湖隱이라는 스님이 있었다. 호은
湖隱은 일찍이 출가하였으나 염불당念佛堂이나 기도처祈禱處만 다
니는 사판승事判僧으로 있었기에, 선禪에 관해서는 문외한이었으
며 대처승帶妻僧이었다. 호은湖隱스님이 선방결제 전날, 입승立繩
스님에게 와서 입방入房을 부탁하였다.

"소승小僧도 큰절에서 오르내리면서 다른 스님네와 같이 공부할 수 있겠습니까?"

입승立繩스님이 단호하게 거절하였다.

"한 철 양식을 미리 내어도 방을 받을 수 없는데 어림도 없소. 그런 말은 하지도 마시오."

호은湖隱스님은 뜻을 굽히지 않고 끈질기게 사정하였다. 그러자 그 사실을 아신 조실祖室 성월性月스님이 허락하였다.

"우리 대중이 공부하는데 방해만 되지 않는다면 받아주어야 한다. 그 노장老長님의 뜻은 아무도 막을 수 없느니라."

입승立繩스님이 조실스님의 뜻을 알고 호은스님에게 말했다.

"이왕이면 아주 올라와서 공부하시는 것이 좋지 않겠소."

그런데 호은湖隱스님의 대답은 가관이었다.

"돈 빌려준 문서와 쌀 빌려준 문서를 지켜야 하고, 더구나 우리 마누라 궁둥이는 떠날 수 없어서……."

그 당시 최혜암崔惠菴(1884-1985)스님 및 대중 모두는 조실스님을 모시고 한철공부를 잘 성취하려고 하였는데, 이 말을 듣고 나니 모두 신심이 떨어졌다. 그러나 조실스님의 명령이라 대중의 불평도 어쩔 수 없었다. 결제가 시작되고 호은湖隱스님은 큰절에서 오르내리면서 참선參禪을 하였는데, 본인은 시간을 잘 지키려고 애를 쓰는 것 같았으나 가끔 시간이 일정하지 않은 적도 있었다. 어떤 날은 한낮에 오기도 하였고, 어떤 때에는 추운 새벽에 수염에다 고드름을 주렁주렁 매달고 오기도 하였다. 그는 대중들이 모여 앉아 공부 이야기를 할 때에도 깜깜절벽이어서 이래저래 수군거렸다.

"원숭이가 참선參禪하는 흉내만 내고도 천상락天上樂을 받았다고 하는데 저런 사람도 무슨 인연이 있을 것이다."

반 살림이 끝난 어느 날, 조실스님이 법문을 마치고 법상에 내려오셔서 차를 마시고 계셨다. 그때 최혜암崔惠菴스님이 육년 전, 혜월慧月스님 회상會上에서 들은 법문法問이 생각나 성월조실性月祖室께 여쭈었다. 그 내용은 이러하다.

"어떤 수좌가 혜월慧月스님에게 묻기를 소를 타고 소를 찾는다는 말이 있는데 그 도리는 어떤 도리입니까?" 했더니 혜월慧月스님은 그 수좌首座를 보고 "왜 그런 소리를 하고 다니느냐"고 말했는데 혜암惠菴스님이 성월性月스님에게 물은 것은 "혜월慧月스님이 그 젊은 수좌에게 대답하신 말씀이 잘된 것입니까"라는 뜻이다. 듣고 있던 성월性月스님이 말한다.

"그 늙은이가 그래가지고 어떻게 학인學人들 눈을 뜨게 하겠는가?"

혜암惠菴스님이 말한다.

"그러면 스님은 그러한 때, 무어라고 말씀하시겠습니까?"
"그 수좌가 혜월慧月스님에게 묻듯 그대가 내게 물어보게."

혜암惠菴스님이 가사장삼袈裟長衫을 수垂하고 큰 절을 세 번 드린 뒤에 물었다.

"소를 타고 소를 찾는다는데 그것이 무슨 도리입니까?"

"그대가 소를 타고 소를 찾는다니 그 찾는 소는 그만두고 타고 있는 소나 이리 데리고 오너라."

혜암惠菴스님은 그만 막혀서 앉아 있었고, 여러 스님들도 멍하니 있었다. 그 순간 참선參禪이 무엇인지 잘 알지도 못하고 늦게 공부를 시작한 호은湖隱스님이 자리에서 벌떡 일어나 춤을 덩실덩실 추며 큰소리로 말하였다.

"대중 스님들은 몰라도 나 혼자만은 알았습니다. 타고 있는 소를 잡아 대령하였으니 눈이 있거든 똑바로 보시오."

그때 대중들이 웃으면서 말하였다.

"어지럼병이 지랄병이 된다더니 저 노장老長님이 이제 미치기까지 하는구나."

그러나 성월性月스님은 그러지들 말라 하고, 호은湖隱스님을 조실방으로 불러 불조佛祖의 공안公案에 대하여 차근차근 물어보았다. 그러나 하나도 막힘없이 모두 대답하여 조실스님은 호은湖隱스님에게 인가印可 하였다.

성월性月스님이 대중들에게 법상法床을 차리게 하고 호은湖隱스님을 높이 앉게 한 후, 대중에게 삼배케 하니 호은湖隱스님은 툭 터진 목소리로 법당法堂이 쩌렁 울리도록 한 가락을 읊었다.

忽聞騎牛覓牛聲 홀문기우멱우성
頓覺卽時自家翁 돈각즉시자가옹
非去非來法性身 비거비래법성신

不增不減般若峰 부증불감반야봉

홀연히 소 타고 소 찾는다는 말을 듣고
즉시 자기의 주인공을 깨달았네.
오고 감이 없는 것이 법성신이요,
늘거나 줄지 않는 것이 반야봉이라.

호은湖隱스님의 개오송開悟頌이다. 이 소리를 들은 당시 젊은
최혜암崔惠菴스님은 눈앞이 캄캄해지고, 사흘 동안 먹은 밥이 마
치 모래알을 씹는 것 같았다고 한다.

또한 그때 대중 가운데에 박추월朴秋月이라는 스님이 있었는데
그는 이것을 듣고 돌아앉아 꼬박 십육일 동안을 단식하며 지독하
게 정진하였는데도 불구하고 기어이 화두통명話頭通明은 못하고,
아래윗니가 모두 솟고 내려앉아 거의 죽게 될 지경에 이르렀다.

혜암惠菴스님이 거의 백리 길을 다니면서 약을 구해 겨우 박추
월朴秋月스님을 살렸다고 한다. 당시 공부 잘한다고 뽐내던 수십
명 선객禪客들이 비웃으며 업신여기던 그 호은湖隱스님이 그렇게
될 줄은 아무도 몰랐던 것이다. 호은湖隱스님이 조실스님 앞에서
큰 소리로 흐느껴 울었다.

"조실性月스님께서 나를 붙들어 주시지 않았더라면 저는 영겁永劫의
무명無明 속에서 헤맬 뻔 하였습니다."

이 광경을 혜암스님이 직접 보고 제방에 알렸다. 그 뒤 호은湖
隱스님은 강원講院에서 불경공부佛經工夫하던 몇 명의 제자弟子들
을 모두 불러내 선원禪院으로 보내 참선공부參禪工夫하게 하였다.

떨어지기 싫어하던 마누라도 한 살림을 차려 따로 살게 마련해 주고, 해제하기도 전에 큰 사찰인 금강산金剛山 안변安邊 석왕사釋 王寺의 조실祖室스님이 되었다. 일설에 호은스님이 천은사天恩寺의 주지였다고 하나 고증하기 쉽지 않다. 혜암스님이 십여 년 전에 입적하였기 때문이다.

용성진종
龍城震鍾
1864-1940

◉ **약적 略跡**

1864년

용성선사龍城禪師는 전라도全羅道 남원에서 생, 법명法名은 진종震
鍾, 법호法號는 용성龍城이다.

1887년 14세,

꿈속에서 부처님을 만난다. 꿈에 뒷산 교룡산성蛟龍山城 덕밀암德
密庵의 부처님이 손을 잡으면서 "너에게 정법안장正法眼藏을 부촉
하니, 너는 부디 명심하여 저버리지 마라."고 하였다.

1879년 16세,

해인사海印寺 극락암極樂庵의 화월화상華月和尙에게 출가. 해인사에
서 기초교리基礎敎理를 배우던 용성스님은 출가한지 몇 개월도 채
지나지 않아, 선지식善知識을 찾아 해인사海印寺를 떠난다.

1880년 17세,

등운산登雲山의 고운사孤雲寺로 수월영민선사水月永旻禪師(?1790-1871)를 찾아가 만났다. 용성스님이 수월선사水月禪師를 만나자마자 대뜸 물었다.

"생사生死의 일이 중대하고 무상無常이 신속迅速하니 어떻게 하여야 견성見性할 수 있습니까?" (壇經에 永嘉玄覺의 질문과 같다.)

수월영민水月永旻 선사는 다음과 같이 답하였다.

"부처님 가신 지가 오래되어, 마군魔群은 강하고 불법佛法은 약하며, 숙세에 지은 업장業障은 무겁고, 선善은 약弱해서 업장을 물리치기가 어렵다. 삼보三寶께 성심誠心으로 예배하고, 부지런히 대비신주大悲神呪를 지송하면, 자연히 업장이 소멸되고, 마음 광명이 가득히 비치게 될 것이다." (蓮池大師의 말과 恰似.)

(去聖時遙에 魔强法弱하며 宿業障重하야 善弱難排니 誠禮三寶하며 勤誦大悲神呪하면 自然히 業障消滅하고 心光이 透漏하리라 ㅡ용성법어(龍城法語)에ㅡ)

이때부터 용성스님은 조석예불朝夕禮佛을 빠트리지 않았고, 천수경千手經의 '신묘장구대다라니'를 밤낮으로 외우기 시작했다. "배운 것은 다만 천수千手와 육자주六字呪뿐이라, 9개월 동안, 남북南北으로 다니면서 부지런히 지송했다."라고 용성이 말한다. 대비신주大悲神呪를 외우면서 경기도京畿道 양주군楊州郡에 있는 보광사普光寺 도솔암兜率庵에 이르렀다.

1881년 18세,

그 즈음에 하나의 의심疑心이 일었다. "삼라만상은 모두 근원根源
이 있는데, 사람의 근원은 무엇인가? 또 나의 각지覺知의 근원이
어디에 있으며, 또 이 생각은 어디에서 일어나는가?" 도솔암兜率庵
에 와서 의심이 돈발頓發하더니 6일 동안 그 의심으로 식음食飮을
전폐하다시피 지내다가,

"홀연히 한 생각이 통 밑으로 빠져나간 듯하니, 말로는 표현할 수 없
고 마음으로 헤아릴 길이 없었다." (忽然홀연 一念子如桶低脫相似일념자
여통저탈상사하니 不可口議心思也불가구의심사야로다)

하고는 송頌하기를,

五陰山中尋牛客 오음산중심우객
獨坐虛堂一輪孤 독좌허당일륜고
方圓長短誰是道 방원장단수시도
一團火焰燒大千 일단화염소대천

오음五陰 산중에서 소를 찾는 나그네가,
빈 방에 혼자 앉으니 일륜一輪이 외롭구나(두렷하구나).
방원方圓과 장단長短을 누가 말하는가.
한 덩어리 불길이 삼천대천의 세계를 태우네.

1886년 23세, 용성스님이 금강산金剛山 표훈사表訓寺의 무융선사無
融禪師를 친견하고, 그동안 경험한 공부工夫의 경계境界를 말하니,
무융선사無融禪師가 묻는다.

"한 생각이 통 밑 빠져나간 듯한 줄을 아는 놈은, 이 무엇인고?"

용성龍城이 대답을 못하니, 무융선사無融禪師가 "조주趙州의 무자화두無字話頭를 참구하여라." 한다. 그때부터 무자화두無字話頭를 붙들고 정진을 계속하였다.

30세인 1893년 3월,

표훈사에서 7년 참구하다가, 다시 보광사普光寺 도솔암兜率庵으로 돌아왔다. 이윽고 무자공안無字公案에 대한 의심이 풀려서 두 번째의 깨달음을 얻게 되었다.

排雲攫霧尋文殊 배운획무심문수 타가
始到文殊廓然空 시도문수확연공 을
色色空空還復空 색색공공환부공 이요
空空色色重無盡 공공색색중무진 이라

구름을 걷고 안개를 쥐며 문수를 찾다가,
비로소 문수가 확연히 공空인 줄 알았다.
색색色色과 공공空空도 또 공空이니,
공공空空과 색색色色이 끝없이 겹치네.

그 후 지리산智異山 금강대金剛臺에서 겨울을 나고, 하안거夏安居를 조계산曹溪山 송광사松廣寺 삼일암三日庵에서 지내던 용성스님이 전등록傳燈錄을 읽다가, 금륜가관선사金輪可觀禪師의 법어法語에서 '월사만궁 소우다풍(月似彎弓 小雨多風)'이라는 구절을 보고, 홀연히 무자화두無字話頭와 일면불월면불日面佛月面佛 화두話頭의 의지意旨가 명백하여 졌다. 이것이 세 번째의 깨달음이다.

1895년 9월 32세,

용성스님이 아도화상阿道和尙이 최초로 법음法音을 전하던 선산善山의 성지聖地를 순례巡禮하던 중, 낙동강洛東江을 지나다가 대오大悟하여 읊는다. 네 번째 깨달음이다.

金烏千秋月 금오천추월 이요
洛東萬里波 낙동만리파 로다
漁舟何處去 어주하처거 인고
依舊宿蘆花 의구숙노화 로다

금오산金烏山에 천추千秋의 달이요,
낙동강洛東江에 만리萬里의 파도로다.
고깃배는 어디로 갔는가?
옛과 같이 갈대꽃에서 자는구나.

용성龍城스님은 참선參禪을 하면서도 간경看經을 겸했다. 용성은 참선參禪 여가에 부처님의 일대시교一代時教와 조사祖師의 어록語錄을 추초抽草했다. 참선參禪. 간경看經. 염불念佛. 주력呪力을 겸수兼修한 용성선사龍城禪師는 제방諸方의 선지식善知識과 교유交遊하고 명찰名刹을 두루 순방하면서 선지禪旨를 드날렸다.

1907년 44세,

중국의 불교를 시찰하면서 법려法侶를 찾아보기도 하였다. 그 후에 칠불사七佛寺, 망월사望月寺 등등의 사찰에서 조실祖室로서 불법佛法의 전통을 지켜 수많은 납자衲子들을 지도 편달하셨고, 서울에서 최초로 대중포교를 위한 전법傳法을 힘써서 참선參禪이라는 유행어流行語를 만들어 내었다.

　용성선사龍城禪師는 성당聖堂과 예배당禮拜堂이 도심에 들어서 번성하는 현실을 목격하고, 산중山中에만 있던 불교를 대중들에게 쉽게 이해시키기 위한 변화變化가 필요하다고 판단하였다. 서울 시내市內에 사찰寺刹과 선원禪院을 세워 법회法會를 열었다. 스님은 왜倭의 침략, 기독교의 유입, 왜색불교倭色佛敎의 폐해弊害에 대응하여 전통불교를 적극적으로 지켰다.

1911년 48세,
서울 종로구 봉익동奉翊洞에 대각사大覺寺를 건립하다.

1913년 50세,
선지식善知識과 힘을 합하여 안국동에 선학원禪學院을 세웠다.

1919년 56세,
3·1운동 때는 한용운韓龍雲스님의 권유로 한용운스님과 더불어 독립선언문에 서명署名을 하였다. 이런 연유로 서대문형무소에서 옥고獄苦를 치렀다.

1921년 58세,
용성선사龍城禪師는 옥중獄中에서 기독교基督敎의 바이블이 한글로 번역된 것을 보고, 불경佛經의 한글번역의 필요성을 절감하였다. 출옥 후, 삼장역회三藏譯會를 세워 역경사업譯經事業을 시작하였다. 능엄경楞嚴經, 원각경圓覺經, 금강경金剛經, 기신론起信論, 화엄경華嚴經 등 30 여종 경전經典의 한글 번역서가 있다. 또한 대중을 위하여 귀원정종歸源正宗, 심조만유론心造萬有論, 각해일륜覺海一輪, 청공원일淸恭元日, 수심정로修心正路, 수심론修心論, 석가사釋迦史, 대각원류大覺原流. 극락노정기極樂路程記, 교리대전敎理大典, 임종결臨終訣 등의 불교해설서를 저술하다.

1922년 59세, 만주滿洲 강도성에 대각교大覺敎를 세우다.

1924년 61세,
불교잡지 불일佛日 창간. 1924년 4월 28일 대각사大覺寺에서 경전經典을 해석하던 중, 왼쪽 치아가 아프더니 자색紫色이 감도는 녹두알만한 치사리齒舍利가 치아 사이에서 솟아났다. 스님은 뱉아버리고 역경譯經을 계속하였다. 그날 밤에 스님 방에서 밝은 광명이 비치는 것을 본 시자가 문을 열고 들어가 보니, 치사리齒舍利가 방광을 하는 것이다. 용성스님의 치사리齒舍利는 그 후에도 네 번이나 방광放光을 하였다. 치사리탑을 세워 모시다.

1928년 65세, 불교잡지 무아無我를 간행.

1927년 67세,
함양咸陽에 화과원華果院을 만들어, 포교자금을 조성하면서 참선參禪을 하는 선농일치禪農一致의 모범을 보이다.

1940년 77세,
음력 2월 23일 저녁에 용성선사는 목욕재계를 하고 제자 동헌東軒을 불러 유언遺言을 하였다. 이튿날인 24일 새벽에 스님은 "내가 오늘 열반에 들고자 하니 너희들은 슬퍼하거나 효孝를 행하려 하지 말고, 오직 무상대열반無上大涅槃 원명상적조圓明常寂照를 외우라."고 하셨다. 동헌스님이 "스님, 어느 곳으로 향하여 가시렵니까?" 하고 묻자, 담담淡淡히 임종게臨終偈를 남기다.

諸行之無常 제행지무상
萬法之俱寂 만법지구적
匏花穿籬出 포화천리출
閑臥麻田上 한와마전상

제행諸行의 무상無常함이여
만법萬法이 적적寂寂하도다.
박꽃이 울타리를 뚫고 나가,
삼밭에 한가롭게 누웠도다.

"시자侍者와 대중들아! 그 동안 수고가 많았다. 나는 가노라." 하고
입적入寂하였다. 나이는 77세요, 법랍法臘은 61이다.

⦿ 일화 逸話

제1화

용성선사龍城禪師가 중국中國에 갔을 적에, 어떤 중국수좌中國首
座가 찾아와서 물었다.

"동국東國의 불법佛法이 어떠한지 한 말씀 일러 보시오"

용성스님이 대답하였다.

"불법은 크게 있으나 지금은 치통齒痛이 심하오."

하니, 중국 수좌가 이른다.

"치통齒痛인지 심통心痛인지 분명하게 이르시오."

용성선사가 일할一喝을 하였다. 중국의 수좌首座가 말한다.

"그러지 말고, 조용히 말로 이르시오."

용성스님이 수좌를 좌구坐具로 내려쳤다. 중국의 수좌는 알아듣지 못하고 달아나 버렸다.

제2화

용성선사龍城禪師가 중국 통주通州 화엄사華嚴寺에 갔을 때 만난어느 고승高僧과의 대화이다. 이 고승은 조선불교를 폄하하는 태도로 비아냥거렸다. 이때 범종梵鐘소리가 장엄하게 울리기 시작했다. 말대꾸도 않던 용성스님이 고개를 들고 빙그레 웃으며 한마디 질문을 던졌다. "지금 울리는 저 범종소리는 대사大師의 것입니까, 아니면 소승小僧의 것입니까?" 전혀 듣지 못했다는 듯 시치미를 떼다가, 다시 종소리가 나자 중국고승이 말한다.

"내 것, 그대의 것이 있을 수 있소? 모두의 것이 아니오."
"그러면 하늘의 일월日月은 어느 나라 것이요?"
"아, 그거야 이 세상 모두의 것이 아니겠소?"
"대사! 하늘의 해와 달이, 중국에 있을 때는 더 커지고, 조선에 가면더 작아지겠습니까?"
"그럴 리가 있겠소?"
"대사! 그러하오, 부처님법도 해와 달과 같아서 천하만민이 다 배워가지는 것! 중국에서 커지고 조선에는 작아지는 게 아니거늘, 어찌하여 중국불교가 크다고 하시오."

중국의 고승高僧은 말을 더듬으며 용성스님에게 사과하였다.

"내가 실언失言을 했소이다. 용서하시지요."

제3화 염불 念佛

용성스님이 염주念珠를 손에 든 적은 없지만, 염불念佛은 간혹 하였다. 한 번은 말씀하였다.

"내가 여러 차례 간도間島를 왕래하지만 무사하였다. 나는 차 중에서 수상한 것을 느낄 때면 관세음보살을 염송한다."

그 당시는 국경, 변경을 출입하다 보면 여러 불안한 일이 있었던 것이다. "참선하는 수좌首座라도 어려울 때는 관세음보살을 염송하도록 하라."는 용성스님의 말씀에 용명龍溟스님이 곧 대꾸했다.

"노스님, 스님이 삼매三昧 중에 계시면 일체 재난이 침입하지 못할게 아닙니까. 염불念佛한다는 것은 밖으로 구하는 것이 아닌가요?"

선禪하는 사람이 밖으로 무엇을 구한다는 것은 있을 수 없는 일이라고 들이댔다. 용성스님은 대답하셨다.

"아, 너희들이 아직 모르는구나. 관세음을 부르는 놈과 삼매에 든 놈이 둘이 아닐세, 둘이 아니지만 힘은 두 가지가 나타나느니라."

용명龍溟스님이 대꾸했다.

"둘이 아니고 하나라면 뭐 부를 필요가 있습니까. 화두나 할 것이지요."

스님이 웃으시면서 말씀하셨다.

"지금 너희들은 아직 이해를 못한다. 관세음보살을 많이 부르면 이

해할 때가 있어. 경經에 관음묘지력觀音妙智力이 능구세간고能救世間 苦라 하였느니라."

선지식善知識으로서 "관세음觀世音 염불과 화두話頭가 둘이 아니 라."는 말을 하는 것은 용성龍城스님뿐이었다.

제4화 주력 呪力

망월사望月寺에서 천일기도天日祈禱할 때였다. 아침에 참선參禪 하고 나서, 공양할 때에 발우鉢盂를 펴고 천수 물을 돌리고 나면, 대중이 일제히 천수다라니를 세 차례씩 외웠다. 기도에 동참한 수좌首座들의 반대가 있었다.

"다 이치理致가 있어서 하는 일이다. 그래야 성중聖衆이 가호하고, 도량道場이 장엄되며, 불사佛事에 장애가 없는 것이다."

하니, 대중은 말없이 순종하였다. 함양咸陽의 화과원華果院에서 모 시고 지낼 때도 말씀하였다.

"근기根機가 약弱한 사람은 천수千手다라니를 지송持誦하면 퇴전退轉 하지 않는 도리道理가 있느니라."

● 선문답 禪問答

제1화

용성선사龍城禪師가 전라도 김제金堤 용안대龍眼臺의 도식선사道 植禪師를 참방했다. 도식선사가 물었다.

"임제臨濟 늙은이를 보았는가?"

용성이 크게 일할―喝했다.

그러자 도식선사道植禪師가 일방―棒을 내리치고, 박장대소拍掌
大笑하였다.

1901년 봄 해인사海印寺에서, 용성선사龍城禪師가 김제산金霽山
스님에게 말하였다.

"이것을 목침木枕이라고 하면 집착하는 것이고, 목침이 아니라고 하
면 배반하는 것이니, 이 도리道理를 일러 보시오."

제산霽山스님이 목침을 던지니, 용성龍城이 다시 물었다.

"산하대지山下大地를 산하대지라고 하면 집착하는 것이고, 산하대지
가 아니라고 하면 배반하는 것이니, 어떻게 하시겠소?"

제산霽山스님이 대답이 없었다.

제3화

1902년 구례求禮 화엄사華嚴寺에서, 용성선사龍城禪師가 만공선
사滿空禪師를 만났다. 용성龍城이 만공滿空 보다 7세 위이다.

용성龍城이 이른다.
"먼 길에 노독路毒이 어떠하며. 시자侍者는 몇 명이신가?"

만공滿空이 답한다.

"나는 시자侍者도 없고, 또한 노독路毒도 없오."

용성이 말한다.

"너무 외로운 삶이구려."

만공滿空이 묻는다.

"어떻게 지내시오?"

용성龍城이 답한다.

"곤困하면 잠자고, 별다른 묘책이 없으니, 때가 오면 바람이 등왕각 藤王閣으로 보낼 것일세!"

용성선사龍城禪師가 만공선사滿空禪師에게 이른다.

"어묵동정語黙動靜을 여의고 한마디 이르시게."

만공이 대답이 없자, 용성龍城이 말한다.

"양구良久를 하시는가?"

만공滿空이 답한다.

"아니오."

뒤에 전강田岡스님이 이 법거래法去來를 두고 말한다.

"두 큰스님께서는 서로 멱살을 쥐고, 흙탕물에 들어간 격이다."

1903년 지리산智異山 상비로암上毘盧庵에서, 금봉錦峰(1890-1959)
스님이 용성선사龍城禪師에게 묻는다.

"조주趙州스님이 신발을 머리에 이고 나갔던 뜻이 무엇입니까?"

용성선사龍城禪師가 답한다.

"문 앞의 소나무에, 까마귀가 날아가니 까치가 날아오누나."
(門前一株松에 烏去鵲來也로다)

1904년 철원鐵原 보개산寶蓋山 성주암聖住庵에서, 무휴수좌無休首
座가 견성見性했다는 말을 듣고서 용성선사龍城禪師가 무휴수좌無
休首座에게 묻는다.

"조주의 무자無字의 십종十種의 병病에 떨어지지 않고, 한 번 일러
보라."

무휴수좌無休首座가 대답을 못했다. 용성선사龍城禪師가 즉시 일
할一喝 하고 이른다.

"증상만인으로 크게 망녕된 말을 하는 자로구나. 그런 견해를 다시
는 짓지 마라!"

增上大妄語人 증상대망어인

不作這般見解 부작저반견해

1907년 9월 용성스님龍城禪師이 중국의 명산대찰名山大刹을 유람하러 중국에 갔을 때, 처음 중방교衆芳橋 관음사觀音寺 조실祖室인 노승老僧과 대면하였다. 노승老僧이 묻는다.

"안심입명安心立命한 곳이 어디냐?" (如何是安心立命處오?)

용성스님이 답하였다.
"관음원觀音院의 좋은 쌀밥이오."

관음사 조실이 다시 묻는다.
"나는 밥을 묻지 않았다. 안심입명安心立命한 곳이 어디냐?"

용성스님龍城禪師이 답하였다.
"좋은 나물이 있느니라."

망월사望月寺의 대중이 용성스님龍城禪師에게 청請하였다.

"지금 제방諸方에 월분과도越分過度하는 납자衲子들이 많습니다. 문제問題를 하나 내 주시면, 제방諸方에 돌려 경책警策하려 합니다."

용성스님龍城禪師이 아래 글귀를 제방의 선방禪房에 돌렸다.

"조주의 무자화두, 열 가지 병을 여의고, 한 마디 일러 보라."
離無字十種病 道將一句來

백양산白羊山 혜월선사慧月禪師가 맹성일할猛聲一喝하고 이른다.

"나의 이 일할—喝이 옳으냐, 그르냐?"

덕숭산德崇山 만공滿空禪師스님이 답한다.

僧問趙州 狗者還有佛性也無也有 州云無

중이 조주에게 묻되 "개도 불성佛性이 있습니까? 없습니까?"

조주가 이르되, "무無."

태화산太華山, 金井山 성월스님惺月禪師이 답한다.

望月嶺頭雲 망월령두운
金井山下賊 금정산하적

망월산 고개에 구름이요,
금정산 아래 도적이로다.

상왕산象王山 보월스님寶月禪師이 답한다.
"이 무자無字가 몇 가지 병病인가?"

삼각산三角山 용성스님龍城禪師이 자답自答하였다.

匏子穿籬出 포자천리출
臥在麻田上 와재마전상

박 넝쿨이 울타리를 뚫고 나가
삼밭에 누웠도다.

용성선사龍城禪師가 설법說法을 마치고 법상法床에서 내려오는데, 한 강주講主가 묻는다.

"삼세제불三世諸佛의 설법說法과 선사禪師들의 양구良久와 방할棒喝과 어묵동정語黙動靜을 여의고 한마디 일러보시오."

용성스님龍城禪師이 즉시 주먹을 세워 들고 말하였다.

"말해보라! 이것이 고불古佛이냐? 고조古祖냐, 용성龍城이냐?"

강주講主가 말이 없자, 용성이 큰소리로 "빨리 대답하라." 하니, 강주講主가 주저하며 생각을 굴리자, 용성龍城이 말했다.

"매우 분명하다. 호리유차毫釐有差하면 천지현격天地懸隔이로다."

뒷날, 동광선사東侊禪師가 따로 말하였다.

"호리무차毫釐無差라도 천지현격天地懸隔이다."

용성선사龍城禪師가 서울에서 인도승려印度僧侶인 달마바라達摩波羅를 만난 자리에서 말하였다.

"부처님이 설하신 팔만장경의 가장 중요한 일구一句를 일러보라."

달마바라(達摩波羅)가 대답하였다.

"부지런하고 근면하여 쉬지 않으면 이루지 못할 일이 없다. 고금의 사업가가 모두 머리를 쉬지 않고 굴려서 큰 사업을 이루었다."

용성선사龍城禪師가 다시 주먹을 세워 들고 물었다.

"이것이 무엇인가?"

달마바라達摩波羅가 생각하다가 대답하기를,

"선사禪師는 손전등을 보았는가? 이리하면 불이 비치고, 저리하면 불
이 꺼진다."
용성선사龍城禪師가 웃으면서 그만 두었다.

뒷날, 동광선사東侊禪師가 따로 말하였다.
"내가 일구一句를 일러보겠으니, 어디에서 그것을 받겠는가?"

11

학명계종
鶴鳴啓宗
1867-1929

◉ **약적 略跡**

1867년,

학명선사鶴鳴禪師는 전라도 영광에서 태어나다.

1872년-1881년, 사서오경四書五經과 사서史書를 읽다.

1886년 20세,

순창順昌 구암사龜嚴寺에 이르러 40여 명의 학인學人들이 엄숙嚴肅
히 묵좌默坐하여, 고승高僧 설두화상雪竇和尙의 설법說法을 들으며
지혜智慧를 닦는 모습에 감동되어 출가 결심.

1887년 21세,

향리 불갑사佛甲寺의 환송화상幻松和尙을 찾아가 출가.

법명法名은 계종啓宗. 뒤에 금화선사錦華禪師에게 건당.

1890년 24세,

순창의 구암강원龜嚴講院에서 내전수학內典修學. 이후 영원사靈源寺, 벽송사碧松寺, 선암사仙巖寺, 송광사松廣寺 등으로 여러 선지식善知識을 두루 참방. 한편으로 경율론經律論 삼장三藏을 널리 섭렵.

1900년 34세 3월,

금화선사錦華禪師에게 건당建幢하고 판향瓣香하여 법통法統을 계승하니 법호法號는 학명鶴鳴이다. 이후 은사인 금화선사錦華禪師의 뒤를 이어 주로 구암사강원龜嚴寺講院과 운문강원雲門講院에서 강회講會를 열다.

1902년 36세 가을,

2년 만에 강원講院을 떠나 선원禪院을 찾아가서 10년 동안 포단이 떨어지도록 참선공부에 진력한다.

1912년 46세,

월명암月明庵에서 조사어록祖師語錄을 보다가, "만법과 짝을 하지 않는 자가 누구냐? 不與萬法爲侶者 是甚麽"라는 구절에서 의심이 돈발頓發하였다. "만법과 짝을 하지 않는 자가 누구냐?"는 화두話頭를 든 채로, 자지도 먹지도 않고 며칠 동안을 정진精進하다가 홀연히 깨친다. (동광선사東侊禪師의 수도전법기修道傳法記에는 "몇 시간時間의 참구參究 끝에 깨달았다."고 한다.)

학명선사鶴鳴禪師 오도송悟道頌

前生誰是我 전생수시아
來世我爲誰 래세아위수

現在是知我 현재시지아

還迷我外我 환미아외아

전생前生에 누가 나였고,

내세來世에 나는 누구인가?

현재現在의 나를 아나니,

(범부는) 나 밖의 나한테 미迷하네.

1914년 48세,

백양선원白羊禪院으로 옮기고, 백양산가白羊山歌를 지었다. 봄에 중국中國으로 건너가 소주蘇州에서 '비은선사費隱禪師의 수시오문垂示五問'에 답答하여 선지禪旨를 떨치고, 가을에는 왜국倭國을 유람하다가 가마쿠라의 임제종臨濟宗 총본산總本山인 원각사圓覺寺에서 석종연釋宗演선사와 선문답禪問答을 하였다.

1915년 49세,

내소사來蘇寺 한만허韓滿虛스님과 백양사白羊寺 송만암宋滿庵스님의 추대로 월명선원月明禪院 조실祖室. 월명선원月明禪院 대문 문설주에 "도득자물입道得者勿入 부도득자입不道得者入"이라 붙이다.

1916년 50세, 내장사內藏寺 조실祖室

1918년 52세, 백양사白羊寺 운문선원雲門禪院 조실.

1920년 54세,

당시 운문선원雲門禪院에는 이석암李石岩, 김성능金性能, 한만허韓滿虛, 이동광李東侊 등 20여 명의 대중大衆이 있었다. 그때 학명선사鶴鳴禪師는 수선납자修禪衲子들을 조실祖室과 독대獨對하여 문답問答

을 하는 독참법獨參法(3일에 한번)으로 지도하다.

1922년 56세,
서울 안국동에 선우공제회禪友共濟會의 발기위원으로 성월惺月, 만공滿空 등 81명과 함께 참여, 선우공제회는 1924년에 선학원禪學院으로 정식 인가.

1923년 57세,
만해萬海 한용운韓龍雲스님이 월명암月明庵 아래의 양진암養眞庵으로 찾아와서, 학명스님鶴鳴禪師에게 하산下山하여 세간에서 교화敎化할 것을 요청하다.
내장선원內藏禪院의 청규淸規를 제정, 선농일치禪農一致를 주창.

1924년 58세, 가을에 건강이 나빠지기 시작.

1925년 59세, 10월
용성龍城스님이 도봉산道峯山 망월사望月寺에 활구참선만일회活句參禪萬日會를 결사, 조실: 학명선사鶴鳴禪師.

1927년 61세,
중앙선원中央禪院에서 법화산림法華山林을 열다. 조실祖室은 학명, 법사法師는 용성, 초월, 춘성, 동광, 송병기.

1928년 62세, 병중病中에도 선정력증승禪定力增勝.

1929년 63세, 문인門人 5인에게 홍색비단에 전법게傳法偈 주다.

1929년 3월 26일,
시자侍子 세묵世黙에게 먹을 갈게 하여 달마화達摩畵 6장을 그렸다.

1929년 3월 27일,

대중이 지켜보는 가운데, 선사는 웃음을 지으며 안석案席에 기댄
채 입적入寂하였다.

● 학명선사鶴鳴禪師 비문약해碑文略解

하늘에 해와 달이 없으면 하늘이 되지 못하고, 불법에 계戒 정
定 혜慧가 없으면 진실한 도가 되지 못한다. 요즘 말승末僧들은
방종하고 놀면서 부질없이 입을 놀려 스스로 "깨달았다." 하며 어
리석은 부녀자들에게 공양 바치기를 꾀하고 있으니, 이런 무리는
부처님을 속이고 세상을 어지럽히는 자들이다. 학명선사鶴鳴禪師
는 이 일에 대해 이야기가 미치면, 주장자를 땅에 떨어뜨리면서
크게 탄식하고 여러 날을 말하지 않았다.

선사는 계율戒律로써 몸을 단속하고 말을 적게 하고 욕심이 없
었으며, 대중을 모아 농사農事가 곧 선禪이라는 공부법을 제창하
였다. 그리하여 몸소 호미를 잡고 골짜기 어귀를 경작하며 수고
우水牯牛를 길들였으니, 만년晚年의 가풍家風이 소박하고 진솔하
기가 이와 같았다. 선사禪師가 입멸入滅한 후에 사리舍利를 남겨
광명光明을 놓고 상서祥瑞를 나투었다. 선사禪師의 법명法名은 계
종啓宗이고, 학명鶴鳴은 호號이다. 여러 산山의 이름있는 선지식들
을 두루 참방參訪하여 10여 년 동안 삼장三藏을 널리 통달하였다.

1902년 가을, 교敎의 채찍을 던지고 선굴禪窟을 찾아가서, 몇 개
의 포단을 뚫은 지 십년을 지나고 1912년 불조佛祖의 입명처立命

處를 깊이 깨달았다.

1929년 3월 27일, 선사禪師는 시자를 불러 양치질과 목욕을 하고 나서 가부좌하고 앉아 입멸入滅하였으니, 향년享年 63세 였다. 입멸入滅한 저녁에 한 줄기 흰 빛이 서쪽 하늘에 뻗치더니, 3일 후에 영골靈骨 한 조각과 사리舍利 70낱을 얻었다.

● 선문답 禪問答

제1화 남경南鏡 이야기

권남경權南鏡, 이석암李石岩, 이동광李東侊, 세 선객禪客이 변산반도邊山半島의 월명암月明庵으로 백학명白鶴鳴선사를 찾아가 한 철을 같이 지냈다. 하루는 학명선사鶴鳴禪師가 큰 방에서 친필로 쓴 글을 내보였다.

南鏡남경 南鏡남경 能照微塵刹而능조미진찰이
不能照無明處불능조무명처 能照無明處而조무명처이
不能照自己面背불능조자기면배 正當任麼時 정당임마시 作麼生작마생

남경아! 남경아! 능히 티끌 세상에 비치되, 해와 달이 없는 곳에서 능히 비치지 못하고, 능히 해와 달이 없는 곳에도 비치되, 자기의 등面背은 능히 비출 수 없으니, 이런 때를 당하여 어찌 할 것인가?
―本著譯―

남경아! 남경아! 능히 티끌세상을 비추되, 무명처無明處는 비추지 못한다. 능히 무명처無明處를 비추어도, 자기의 본래면목은 능히

비출 수 없나니, 이런 때를 당하여 어찌 할 것인가?"

-벽치모역碧峙某譯

이 글을 보고서, 남경南鏡화상이 답을 했으나, 학명선사鶴鳴禪師
가 수긍하지 아니하자, 석암石岩선사가 대신 답하기를 "남경南鏡
이 올시다.-라고 해야지."니, 학명선사鶴鳴禪師가 미소만 지었다.

학명선사鶴鳴禪師가 상당上堂하여 이른다.

"고인古人이 말하기를, 무위無位의 진인眞人이 있다고 하였는데, 어떤
것이 무위진인無位眞人인가?"

대중大衆들이 대답이 없자, 학명선사鶴鳴禪師가 스스로 대답하
였다.

"동편東便에는 남자요, 서편西便에는 여자다."

학명선사鶴鳴禪師가 상당하여 말하되,

"오늘 단비가 내려서 대지와 산하의 모든 색상色相이 이익利益을 받
아 인천人天이 크게 즐겁다. 홀로 한 물건物件이 있어 가뭄과 강우降
雨에 아무 관계가 없다. 그 한 물건物件이 도대체 무엇인가? 이 무엇
이냐?"

대중大衆들이 대답이 없자, 선사禪師가 스스로 답하였다.

"규중閨中의 처녀로다."

제4화 비은선사費隱禪師의 오문五問에 대한 답

학명선사鶴鳴禪師가 1914년(48세) 봄에 중국을 유람할 제, 소주蘇州를 방문하였다가, 명말청초明末淸初의 임제종臨濟宗의 비은선사費隱禪師의 수시오문垂示五問을 보고 답하였다.

일문一問 물은 근육이 없는데, 흘러서 끊어지지 않느냐?

답 돌절구에 꽃이 핀다. (空華本寂 常自光明)

이문二問 불조佛祖의 공안公案은 하늘에 날리는 종이 연과 같은데, 어디에서 연줄을 찾겠느냐?

답 봄이 오니, 눈이 모두 녹누나.

삼문三問 붕박봉鵬搏峰과 안좌봉晏坐峰이 상교相交하니, 말해보라. 무엇이라고 하겠느냐?

답 달이 찬 못에 비치니, 맑아서 흐르지 않는다.(淸明而寂然)

사문四問 바람이 평야에 불면, 필경에 무슨 형색形色이 되느냐?

답 산山은 절로 높고, 물은 절로 흐른다.

오문五問 정자와 강산을 보고 수기垂機하면, 누가 지음知音인가?

답 노가 푸른 파도를 헤치니, 금린錦鱗을 가끔 만나네.

학명선사鶴鳴禪師가 왜국倭國을 유람하다가, 겸창鎌倉에 있는 임제종臨濟宗 건장사建長寺에서 왜국倭國의 석종연釋宗演선사를 만났다. 인사가 끝나자 종연선사宗演禪師가 물었다.

종연 이미 백학白鶴이라면 어찌하여 검은 옷을 입었는가?

학명 어느 곳에서 백학白鶴을 보았는가? - 하자,

종연 온 시방十方이 백학白鶴의 집이 아닌 곳이 없으니, 청컨대, 화상和尙은 구소九霄의 명鳴을 울어보시오.

학명 세계世界가 모두 백학白鶴이니, 노화상老和尙은 어느 곳에서 안심입명安心立命하는가?

종연 안심입명安心立命의 일은 평소에 차 마시고 밥 먹는 일이니, 청컨대, 화상和尙은 향상일구向上一句를 일러 보시오.

학명 소나무가 너무 늙어서 학鶴이 깃들기 어렵다.

종연 좋은 말씀이오. 참으로 가을 하늘에 외로운 학鶴이외다.

학명 소승小僧의 허물이 많았습니다.

그리고는 종연선사宗演禪師가 게송偈頌을 지었다.

靈山會上曾相逢 영산회상증상봉
今日再來見道容 금일재래견도용
未發片言意先解 미발편언의선해
秋風古寺鶴一聲 추풍고사학일성

영산회상靈山會上에서 일찍이 만났다가,
오늘 다시 와 도인道人의 모습을 보네.

한 마디 말하기도 전에 뜻을 먼저 아니,
추풍 부는 고사古寺에 학 울음이 청아하다.

학명鶴鳴선사가 게송偈頌으로 답하기를,

四面滄溟復銷雲 사면창명복소운
超然中有楞伽云 초연중유능가운
實難住處誰能住 실난주처수능주
萬古精神是自分 만고정신시자분

사방 푸른 바다에 구름 한 점 없는데,
초연超然히 그 가운데 능가楞伽(종연의 법호)가 있네.
머물기 어려운 곳에 누가 능히 머무나?
만고萬古의 정신精神은 제 분수分受가 있다네.

학명선사鶴鳴禪師가 다섯 가지의 질문을 제방諸方의 선원禪院에
돌렸다.

1. 雪滿窮巷설만궁항 爲甚麼孤松特立위심마고송특립
흰눈白雪이 궁항窮巷에 찼거늘, 무엇 때문에 고송孤松은 우뚝 섰는
가?

2. 佛身充滿於法界불신충만어법계 向何處見自己향하처견자기
온 세계가 이 비로자나불毘盧遮那佛의 전신全身이거늘, 어느 곳을
향해야 자기를 찾을 것인가?

3. 蠐螬欲蟬未蟬時제조욕선미선시 且道차도 喚作甚麼환작심마
굼벵이가 매미가 되려고 (허물을 벗으나) 아직 매미가 아닐 때에는,
이것을 무엇이라고 불러야 하겠느냐?

4. 水入大海수입대해 畢竟向何處求淡味필경향하처구담미
냇물이 흘러 바다에 들어가면, 필경에 싱거운 맛을 어디에서 얻겠
는가?

5. 相識滿天下상식만천하 誰是最親者수시최친자
아는 사람이 천하에 가득하거늘, 누가 가장 친한 자者인가?"

만공滿空스님이 답하여 이른다.

這箇閑葛藤多少저개한갈등다소 閑葛藤한갈등 好與三十棒호여삼십봉 且
道차도 此棒更喚作甚麼 차봉갱환작심마
이 한낱 부질없는 잔소리로다. 잔소리여! 좋게 30방망이를 안기노
라. 또 일러라. 이 방망이를 무엇이라고 부를 것인가?

제산霽山스님이 답한다.

1. 孤松고송. 咦이.
외로운 소나무孤松라! 어허!

2. 自己且置자기차치 還見佛身麼환견불신마
자기自己는 그만두고, 불신佛身은 보았는가? (-?-)

3. 千古萬古천고만고 只這是지자시
천고 만고에 다만 이것일세.

4. 這裏一滴也無자리일적야무 有甚淡味유심담미

여기에 물 한 방울도 없는데, 무슨 싱거운 맛이 있느냐?

5. 更着一問갱착일문
다시 한 번 더 물어보라.

김경봉선사金鏡峰禪師가 답한다.

1. 橫臥足指天횡와족지천
벌떡 드러누우니 발이 하늘을 가리키누나.

2. 若有丈夫志氣약유장부지기 負作狐狸情見也부작호리정견야
만약 장부의 기개가 있다면, 여우의 정견情見을 짊어질것가.

3. 眞金之精진금지정 饒見烈火中요견열화중
순금의 정精은 맹렬한 불 속에서도 볼 수 있나니.

4. 不失口味者也부실구미자야 鹹味先得於何處也함미선득어하처야 鹹
味之處拈來함미지처념래 好爲指示호위지시 設得淡味之處설득담미지처
未免鬼面神頭也미면귀면신두야
입맛은 잃지 않았군요! 짠맛은 어디서 얻었습니까? 짠맛 난 곳을
가져 오시오. 잘 가리켜 보이겠소, 설령 싱거운 맛 나는 곳을 얻었
어도, 귀면신두鬼面神頭를 면치 못하리라.

5. 何不問怨賊者하불문원적자 欲窮千里目욕궁천리목 更上一層樓갱상일층
루
어찌하여 원수는 묻지 않는고? 천리千里를 바라보고자 하면, 다시
한층 더 올라가야하리.

만공월면
滿空月面
1871-1946

12

● 약적 略跡

1871년

만공滿空스님은 전라북도 태인泰仁에서 출생. 속성俗性은 송씨宋氏
며, 만공滿空은 법호이다.

1883년 13세 겨울,

금산사金山寺에 가서 불상佛像과 스님들을 보고 환희歡喜하다. 지
게를 지고 야반夜半에 집을 떠나 전주全州 송광사松廣寺를 거쳐 계
룡산鷄龍山 동학사東鶴寺 진암화상眞岩和尙에게 출가.

1884년 10월,

한 객승客僧이 동학사에 왔다. 육척이 넘는 체구에 위풍당당威風堂
堂하고 안광眼光이 중인衆人을 놀라게 하였다. 천장암天藏庵에서 온
경허화상鏡虛和尙이었다. 진암노사가 경허스님께 『이 아이가 비범
非凡한 기틀이 엿보이니, 스님이 데려다가 잘 지도하여 장차 불교

계에 동량재棟梁材가 되도록 하여 주시오.』하고 부탁하였다.

경허선사가 즉시 한 젊은 중을 시켜 만공스님을 천장암天藏庵의 태허太虛스님에게 보냈다.

1884년 14세, 겨울,

12월 8일에 태허스님을 은사恩師로, 경허스님을 계사戒師로 하여 사미계沙彌戒를 받고 득도得度하니, 법명이 월면月面이다. 천장암에서 9년을 지내며 문사수聞思修의 혜慧를 점차로 넓혀 갔다.

1883년 23세,

계사년癸巳年에 18세가량의 소년이 와서 묻는다.

"「만법귀일萬法歸一하니 일귀하처一歸何處오」라는 것만 깨달으면, 생사를 해탈하고 만사에 무불통지無不通知한다 하니, 이것이 무슨 뜻이오?"

월면月面은 깜깜하여 대답을 못하였다. 그 뒤로 만법귀일萬法歸一 일귀하처一歸何處 화두話頭에 대하여 의단疑團이 독로獨露하여, 잠을 이루지 못하고 며칠을 지냈다. 월면月面은 어른 시봉侍奉을 하면서 공부하기가 힘들다는 생각이 들었다. 그래서 몰래 길을 떠나서, 온양溫陽 봉곡사鳳谷寺로 가서 노전爐殿을 보며 공부하다.

1885년 25세,

7월 25일에 동쪽 벽에 의지하여 서쪽 벽을 바라보던 중, 홀연忽然히 벽壁이 공空하고(없어지고) 일원상一圓相이 나타났다. 그러나 지금까지의 공부를 흐트리지 않고 하룻밤을 지나던 중, 새벽 쇠송鐘頌을 할 때, '응관법계성應觀法界性 일체유심조一切唯心造'를 외다가, 문득 법계성法界性을 깨쳐 환희하며 개오송開悟頌을 읊었다.

空山理氣古今外 공산이기고금외
白雲清風自去來 백운청풍자거래
何事達摩越西天 하사달마월서천
鷄鳴丑時寅日出 계명축시인일출

빈 산 이기理氣는 고금古今 밖인데,
흰 구름 맑은 바람 스스로 오고 가누나.
무슨 일로 달마가 서천西天을 건너 왔는고?
축시丑時에 닭이 울고 인시寅時에 해가 뜨네.

그 뒤로 만나는 사람마다 이르기를, 『나에게 희유稀有한 일이 있으니 나와 함께 공부함이 어떠냐?』고 권하였으나 비웃기만 하므로, 걸망을 짊어지고 공주公州 마곡사麻谷寺에 들리니, 보경화상 普鏡和尙이 이르기를, 『내가 조그만 토굴土窟을 하나 묻었으니, 거기서 공부를 하는 것이 어떠냐?』고 하기에, 그 토굴에 가서 파전 坡田을 일구어 연명延命하며 지냈다.

1896년 26세,

토굴생활 3년이 되던 7월 보름날, 스승인 경허선사가 왕림하다. 화상을 뵙고 지금까지 공부한 것을 말하니, 스승이 이르되, 『화중 생련火中生蓮 이라』 하고는, "등藤 토시 하나와 부채 하나가 있는데, 토시를 부채라고 하는 것 이 옳으냐, 부채를 토시하고 하는 것이 옳으냐?" 하고 묻거늘, 월면月面이 답한다.

"토시를 부채라고 해도 옳고, 부채를 토시라고 하여도 옳습니다."

경허화상이 다시 물었다.

"네가 일찍이 다비문茶毘文을 보았느냐?"

"보았습니다."

하니, 경허 화상이 다시 묻는다.

"유안석인제하루(有眼石人齊下淚)라 하니, 참 뜻이 무엇인고?"

만공이 "모르겠습니다." 하니 경허화상이 이른다.

"유안석인제하루(有眼石人齊下淚)를 모르고, 어찌 토시를 부채라 하고 부채를 토시라 하는 도리道理를 알겠느냐?"

경허화상이 다시 말한다.

"만법귀일 일귀하처(萬法歸一 一歸何處)의 화두는 더 진보가 없으니, 조주趙州스님의 무자화두無字話頭를 드는 것이 옳다."

하고, 또 이르기를

"원돈문圓頓門을 짓지 말고 경절문徑截門을 다시 지으라."

하고는 떠나갔다. 그 후, 무자화두無字話頭를 열심히 의심하던 중, 날이 갈수록 경허화상을 뵙고 싶었다.

1898年 7월 28세,
만공이 경허화상이 있는 도비산島飛山 부석사浮石寺로 갔다. 경허화상을 뵙고 날마다 법法을 물어 현현玄玄한 묘리妙理를 탁마琢磨하였다.

그 때, 범어사梵魚寺 계명암鷄鳴庵 선원禪院에서 경허화상鏡虛和尙을 청청請請하므로 만공이 화상을 모시고 갔다. 계명선원鷄鳴禪院에서 하안거夏安居를 마치고 경허화상鏡虛和尙을 배별拜別하였다.

통도사通度寺 백운암白雲巖으로 가서 보름 동안 묵좌默坐하던

중, 새벽 종소리를 듣고 문득 두 번째 깨달음을 얻어 요사장부了
事丈夫가 되다.

1901年 7월 31세,
천장암天藏庵에 돌아와, 기래끽반飢來喫飯하고 곤래타면困來打眠하
며 소요逍遙하다.

1904년 34세, 7월15일,
경허화상鏡虛和尙이 함경도咸鏡道 갑산甲山으로 떠나는 길에 천장
암天藏庵에 들렸다. 만공스님은 그 동안 공부를 짓고 보림保任 내
용을 말하니, 경허화상鏡虛和尙이 허여許與하며 전법게傳法偈를 내
리다.

> 雲月溪山處處同 운월계산처처동
> 叟山禪子大家風 수산선자대가풍
> 慇懃分付無文印 은근분부무문인
> 一段機權活眼中 일단기권활안중

구름 · 달 · 시내 · 산은 곳곳마다 같나니,
수산선자叟山禪子의 대가풍大家風이로다.
은근히 무문인無文印을 분부分付하나니,
일단一段의 기틀과 권도權道가 안중眼中에 있도다.

이어서 만공滿空이라 사호賜號하고, 부촉付屬하여 이르다.

"불조佛祖의 혜명慧命을 자네에게 이어가도록 부촉咐囑하노니, 불망
신지不忘信之하라."

경허화상鏡虛和尙은 34세의 만공에게 법화를 맡기고 주장자拄杖

子를 떨치고 북방만행北方萬行의 길을 떠나갔다. 그 뒤로 만공스 님은 산천山川을 유력遊歷하며 보림保任하다.

1905년 35세, 봄.
덕숭산德崇山에 모암茅菴을 짓고 금선대金仙臺라 이름하고 삼매에 들었다. 제방諸方의 납자衲子들이 와서 스님에게 설법說法하기를 청請하매, 사양謝讓하다못해 법좌法座에 올라 법法을 설하니, 이것 이 개당보설開堂普說이다. 그 뒤로 스님의 문하門下에서 용상대덕 龍象大德이 다수 배출輩出되다.

1907년
금선대金仙臺를 떠나 수덕사修德寺, 정혜사定慧寺, 견성암見性庵을 중창重創하여 사부중四部衆을 거느리고 선풍禪風을 떨치다.

1912년,
혜월 사형과 함께 갑산으로 가서 스승 경허의 다비를 행하다.

1913년,
금강산金剛山 유점사楡岾寺, 마하연摩訶衍에 가서 삼년을 지내다.

1916년,
다시 덕숭산으로 돌아와 서산瑞山 간월암看月庵을 중창重創하다.

1937년 3월 11일
총독부에서 열린 31본산 주지회의에서 마곡사麻谷寺 주지로 참석. 총독 미나미가 승려의 취처娶妻를 허용하는 사찰령을 내린 전 총 독 데라우치를 칭송하자, 벽력같이 호통하고 일할一喝을 하다.

1940년경,

말년末年에 덕숭산 동정東頂에 한 칸, 띠 집을 지어 전월사轉月舍라 이름하고 허공과 달을 벗하며 소요逍遙하다.

1946년, (경허 입적 이후, 34년간 법화를 펴다)

10월 20일 목욕단좌沐浴端坐한 후 거울에 비친 자기 모습을 보고,

"자네와 내가 이제 이별할 때가 되었네!"

하고 껄껄 웃고는 문득 입적入寂하니, 때는 1946년 10월 20일이다. 다비茶毘를 하던 중, 흰 연기 위에 홀연히 백학白鶴이 나타나 공중을 배회徘徊하였고 오색광명五色光明이 피어났다.

세수世壽는 76세요, 법랍法臘은 62며, 석존후釋尊後 76대代이다.

◉ 일화 逸話

제1화

1937년 3월 11일 만공滿空은 총독부에서 열린 31본산 주지회의에서 마곡사麻谷寺 주지로 참석했다. 총독 미나미가 사찰령을 제정해 승려의 취처娶妻를 허용하는 등 한국 불교를 왜색화倭色化한 전 총독 데라우치를 칭송했다.

이때 만공滿空은 탁자를 내려치고 벌떡 일어나 "조선 승려들을 파계시킨 전 총독은 지금 죽어 무간아비지옥에 떨어져 한량없는 고통을 받고 있을 것이요. 그를 구하고 조선 불교를 진흥하는 길은 총독부가 조선 불교를 간섭하지 말고 조선승려에게 맡기는

것"이라고 일갈一喝한 뒤 자리를 박차고 나왔다.

이날 밤 만공滿空이 안국동 선학원에 가자, 만해 한용운이 맨발로 뛰쳐나오며 "사자후에 여우 새끼들의 간담이 서늘하였겠소. 할喝도 좋지만 한 방棒을 먹였더라면 더 좋지 않았겠소" 했다.

이에 만공滿空은 "사자는 포효만으로도 백수를 능히 제압하는 법"이라며 껄껄 웃었다.

하루는 만공滿空의 제자가 되고자 찾아온 젊은이가 있었다.

"그대는 대체 무슨 생각으로 출가를 하려는고?"
"소생小生에게는 아내가 있는데, 아내가 해산解産을 앞두고 통증으로 고통 하는 것을 보기가 힘들었습니다."
"흐흠, 그 그래서?"
"그래서 불수산佛手散을 먹으면 출산이 쉽다고 해서 약을 지으러 갔습니다. 불수산佛手散을 지어가지고 길에 나왔는데, 지나가는 스님들을 만나게 되었습니다. 바랑 하나 짊어지고 다니는 스님들을 보니 느닷없이 저도 중이 되고 싶어졌습니다."
"아니, 그럼 그 약은 어쩌고 말인가?"
"약은 인편人便에 집으로 보내고, 저는 그 스님들을 따라 나섰는데, 알고 보니 그 중들은 동냥을 해서 술 마시고 투전이나 하는 땡초들이었습니다. 그래서 그 중들에게 도道를 닦으려면 어디로 가야 하느냐고 물었더니 덕숭산德崇山 송만공宋滿空 스님을 찾아가라고 일러주기에, 이렇게 찾아왔습니다."

선객 禪客

"그럼 별 수 없구먼. 땔나무 한 짐 해 놓게"

젊은이는 지게를 찾아 메더니 벌써 저만큼 산을 오르고 있었다.

이렇게 한 짐 땔나무를 해오는 것으로 만공스님 아래 있게 된 젊은이가, 바로 훗날 만공스님이 아끼던 제자 보월寶月이다.

뒷사람이 이르기를, 보월寶月과 고봉古峰의 지혜가 만공화상을 지난다고 하다.

● **선문답 禪問答**

제1화

만공滿空스님이 어느 날 수월水月스님과 같이 천장암天藏庵에서 이야기를 하다가, 수월스님이 물그릇을 들어 보이며 물었다.

"이 물그릇을, 물그릇이라 하지도 말고, 물그릇 아니라고 하지도 말고, 무엇이라고 불러야 하겠나?"

만공滿空스님이 문득 물그릇을 들어 방房 밖으로 집어 던졌다. 수월스님이 말하였다.

"잘한다! 잘한다!"

제2화

보덕사普德寺에서 수박을 먹다가 때마침 마당에 있는 나무에서 매미 우는 소리를 듣고, 만공선사가 대중을 둘러보고 말하였다.

"누구든지 날랜 사람이 있어 매미를 잡아오는 사람에게는 수박 값을 안 받기로 하고, 만일 못 잡아 온다면 동전 서푼씩 받아야 하겠다. 대중들은 모두 한 마디씩 일러 보아라."

이러자, 어떤 수좌는 매미 잡는 시늉을 내고, 어떤 수좌는 매미 우는 소리를 내고, 어떤 이는 할喝을 하고, 어떤 이는 주먹을 들어 보이고, 또 어떤 수좌는 스님의 등을 탁 치면서 "매미를 잡아 왔습니다." 하였다. 영신(永信, 전강)수좌는 돌을 들고 왔다.

만공선사滿空禪師가 이른다. "모두, 서 푼씩 내라." 그 때에 금봉錦峰스님이 나와서 원상圓相을 그려 놓고 말하기를, "모습 가운데는 부처가 없고, 부처 가운데는 모습이 없습니다.相中無佛 佛中無相."라 하였다. 그러나 만공스님은 "금봉, 자네도 서 푼 내게." 하였다.

마침 보월寶月스님이 들어오자 스님이 이르기를, "보월! 자네 잘 왔네. 지금 대중들이 이러이러하게 대답했다네. 자네도 한마디 해보게." 하였다.

보월은 곧 주머니 끈을 풀고, 돈 서 푼을 꺼내 보였다.
스님이 웃으며 "자네가 내 뜻을 아는구나." 하였다.

제3화

만공스님이 금강산 유점사楡岾寺 조실로 갔다가 덕숭산 금선대金仙臺로 돌아와 수좌들을 지도할 때에, 만공스님은 경허스님과 마찬가지로 수좌首座들에게 한번만 절을 하도록 하였다. 하루는 어느 젊은 수좌首座가 만공스님을 찾았다.

"스님, 들어가 뵈어도 괜찮겠습니까?"

"들어오너라."

"스님. 불법佛法이 어디에 있습니까?"

"네 눈앞에 있느니라."

"눈앞에 있다면, 저는 어찌하여 보지 않습니까?"

"너에게는 너라는 것이 있기 때문에 보지 못한다."

"스님께서는 이미 보셨습니까?"

"너도 있고, 또 나까지 있다면, 더욱 보지 못한다."

"나도 없고, 스님도 없으면 볼 수 있겠습니까?"

"나도 없고, 너도 없는데, 보려고 하는 자가 누구냐?"

여기서 그 학인學人은 알아차렸다.

(나도 없고, 너도 없다는 뜻에 미혹하면, 禪理를 보기 어렵다)

어느 날 만공선사滿空禪師가 대중에게 이른다.

"고인古人이 이르기를 "종소리에 알아차리면薦取 북소리에 거꾸러진다." 하였으니, 이것이 무슨 도리인고? 모두 일러라."

그때 성월선사惺月禪師가 나와 답하였다.

"토끼 뿔이 만약 옳을진대, 어찌 염소 뿔을 그르다 하리까?" (逐鹿者는 不見山이라 忘鹿者는 自現眞山耶니라)

만공선사滿空禪師가 다시 물었다.

"육조六祖스님의 사구게四句偈에 허물이 있는 글자가 있으니, 어디에 허물이 있느냐?"

성월선사惺月禪師가 다시 답한다.

"조상弔喪 때에도 문밖에 나오지 못했는데, 오늘 저희들이 어찌 하오리까?"

이에 만공선사滿空禪師가 이른다.

"그대의 정안正眼은 내가 보지 못하고, 나의 정안正眼은 그대가 보지 못한다. 이것이 불불佛佛이 상전相傳하고, 조조祖祖가 상수相授함이 여시여시如是如是함을 똑바로 가리킨 것이다."

금강산金剛山 마하연摩訶衍에서 효봉曉峰이 만공스님에게 묻는다.
"천하에 살인하기를 좋아하는 자가 있으니, 그게 누구입니까?"

만공스님이 답한다.
"바야흐로 오늘 여기서 보았노라."

효봉曉峰이 다시 이른다.
"화상和尙의 머리를 취하고 싶은데, 허락하시겠습니까?"

만공스님이 목을 길게 빼어 내미니, 효봉曉峰이 문득 만공스님에게 예배禮拜하였다.

만공스님이 효봉에게 묻는다.

"제석천왕帝釋天王이 풀 한 줄기를 땅에 꽂고, 부처님께 말씀드리기를, —범찰을 이미 지어 마쳤습니다.—고 하매, 세존께서 미소를 지었다고 하니, 그 뜻이 무엇이겠는가?"

효봉이 말한다.
"스님은 절 짓기를 좋아하십니다."
만공스님이 한바탕 크게 웃었다.

전강선화田岡禪和가 어느 날 조실에 들어가 인사를 하자, 만공선사滿空禪師가 물었다.
"세존께서 명성明星을 보고 깨달으셨다는데, 저 하늘에 가득한 별들 가운데서 어느 것이 자네의 별인가?"

이에 전강이 곧 엎드려서 땅 더듬는 시늉을 하니, 만공스님이 "선재善哉. 선재善哉라." 하며 인가印可하고, 곧 게偈을 지어 전했다.

佛祖未曾傳 불조미증전
我亦無所得 아역무소득
此日秋色暮 차일추색모
猿嘯在後峰 원소재후봉

불조佛祖가 못 전한 것을,
나 또한 얻은바 없네.
가을빛도 벌써 저문 이 날에,

원숭이 휘파람만 뒷산 봉우리에 난다.

(뒷날, 동광선사가 말한다. "어느 별이 자네의 별인가? 라 물으면 별을 가리켜야 하고, * * 라 물으면, 그때 땅 더듬는 시늉이 가하다. 내가 만공화상과 자네를 의심하는 바가 거기에 있다." 하다.)

만공스님이 대중에게 말하였다.

"아난이 가섭에게 묻기를 「세존께서 당신에게 금란가사와 백옥발우를 전한 외에 무슨 법을 특별히 전하였습니까?」했다. 가섭이 아난을 부르니, 아난이 대답하매, 가섭이 아난에게 이르되, 「문 앞의 찰간대를 꺾어 물리쳐 버려라.」했으니, 여기에 대해서 대중들은 한 마디씩 일러 보아라!"

그 때에 법희法喜 비구니가 나아가 『스님』하고 부르니, 스님이 『왜!』하고 답하매, 법희法喜가 이른다.
"고기가 움직이니 물이 흐려지고, 새가 나니 깃이 떨어집니다."

만공스님이 "쉬운 일이 아니니라." 하였다.

다음엔 벽초碧超가 나아가 노스님을 한 번 부르고는 이른다.
"노스님이기 때문에 차마 여쭙지 못하겠습니다."

만공스님이 이르되 "노승老僧이라고 말 못할 게 있느냐?" 하니, 벽초가 이르되 "노스님이 제 말을 모르셨습니다." 한다.
스님이 "혹 늙으면 더러 그런 수도 있느니라." 하였다.

만해 한용운 스님이 오도송悟道頌을 지어 이른다.

男兒到處是故鄉 남아도처시고향
幾人長在客愁中 기인장재객수중
一聲喝破三千界 일성갈파삼천계
雪裏桃花片片飛 설리도화편편비

대장부가 이르는 곳마다 고향이어늘,
몇몇이나 오래토록 나그네의 시름 가운데 지냈는가.
한 소리 큰 할喝에 삼천세계 파하노니,
눈밭에 도화桃花가 조각조각 나는구나.

만공스님이 반문하여 이르되『나르는 도화조각은 어느 곳에 떨어졌는고?』하니, 만해스님이 답하여 이르되『거북털과 토끼뿔이로다.』하였다.

스님이 크게 웃으며, 다시 대중에게 이르되『각기 한 마디씩 일러라.』하니, 법희 비구니가 나와서 이르되,『눈이 녹으니 한 조각 땅입니다.』하거늘, 스님이 이르되『그대는 다만 한 조각 땅을 얻었느니라』하였다.

만공滿空스님이 혜월慧月스님과 같이 통도사通度寺에 갔다. 대중이 모두 모여 공양을 받으려 할 때에, 혜월慧月스님이 별안간 일할一喝을 하였다. 대중공양을 마치고 막 발우를 걷으려 할 때, 만공滿空스님이 일할一喝을 하였다.

그 뒤 모든 선객들이 이 일을 듣고 놀라 의심하고 "두 분 선지식의 할喝을 한 뜻이 어떤 것인가?" 하여 쟁론이 끊어지지 않자, 선객들이 용성龍城스님에게 물었다. 용성龍城스님이 말하기를

"노승老僧이 비록 그 사이에 들어 입을 놀려 말하고 싶지 않으나, 가히 여러 사람을 위하여 의심을 풀어 주지 아니할 수 없노라."

하고, 일할一喝을 하였다.

만공滿空스님이 금강산金剛山에서 정혜사淨慧寺로 돌아와, 법좌法座에 올라 말하였다.

"내가 금강산에 있을 때에 법기보살法起菩薩이 설법하신다는 소식을 듣고, 곧 가서 들었더니, 법기보살法起菩薩이 큰 소리로 대중을 불러 이르되, 「풀이 한 길이나 깊다」 하시더라. 또한 일러라. 금일은 어떻게 하려는가?"

하니 대중이 대답이 없었다. 뒷날에 한 선객禪客이 와서 묻되,

"법기보살이 이렇게 이른 것이 또한 풀 속의 말이니, 어떤 것이 풀 속에서 나온 말이옵니까?"

하거늘, 만공스님이 답하여 일렀다.

"풀 속에서 나온 말을 묻지 말라. 풀 속에 들어가서 사람을 위하는

것이 그 은혜가 커서 갚기가 어려우니라."

선객禪客이 다시 물었다.

"풀 속에 들어가 사람을 위하는 말씀 한 마디를 스님께 청합니다."

스님이 답하였다.

"밤길을 허락하지 아니 하니, 날이 밝거든 오너라."

제11화

부산의 혜월선사慧月禪師 회상會上에서 운암선사雲岩禪師가 편지글로, 정혜사定慧寺의 만공선사滿空禪師 회상會上에 묻는다.

"과거·현재·미래의 마음을 도무지 알 수 없는데, 어느 마음에 점을 찍는가?" (三世心都不可得인데 點麼何心고?)

당시는 만공선사滿空禪師는 법法을 보월寶月스님에게 전하고 퇴실退室한 후였다. 수좌首座들 가운데 아무도 답을 하지 않자, 만공스님이 답을 안 보낼 수 없게 되었다.

"과거 위음왕불威音王佛 이전以前에 점심을 먹어 마쳤다."라고 답을 써서 보내려 하였다. 그때 보월寶月스님이 그 답장을 보고는, "큰스님. 죄송합니다만, 스님께서 누구의 눈을 멀게 하시려고 이런 답을 하십니까?" 하고는 성냥불로 답장을 태워버리고, 보월寶月스님이 대신 답하였다.

"호서湖西의 덕숭산 만공스님 회상會上을 등지고, 영남嶺南의 혜월스님 회상으로 향한 것은 심중에 나머지 의심을 끊지 못함이러니, 지금도 아직 나머지 의심을 끊지 못하였구나. 읽어본 후에 태워버리고, 차후엔 다시 나머지 의심을 끊어 버리도록 하라.”(背湖西하고 心中에 不絶餘疑이더니, 如今에도 不絶餘疑이로구나. 見後에 燒却하고 更絶餘疑하라.)

그러자 만공스님은 그 자리에 꼼짝도 하지 않고, 일주일간 용맹정진을 하였다. 칠일 만에 큰소리로 “보월寶月아! 내가 자네한테 십년 양식을 받았네.”라고 하였다.

13

한암중원
漢巖重遠
1876-1951

◉ 약적 略跡

1876년,

강원도 화천華川에서 생. 한암선사漢巖禪師의 속성은 방씨方氏, 법명은 중원重遠, 한암漢巖은 법호法號이다. 총명이 절륜하여 9세에 사숙私塾에서 사략史略을 배우다가 선생에게 물었다. 「반고씨 이전에는 누가 있었습니까?」 선생은 답을 하지 못하였다. 그 후에 '반고씨 이전以前의 면목面目'이 의심나곤 하였다.

1897년 22세,

금강산金剛山 장안사長安寺에 들어가 행름화상行凜和尙을 의지하여 축발하고, 스스로 맹세하기를, 「이미 삭발하여 염의를 입고 산중에 들어왔으면, 진성眞性을 보아, 부모父母의 은혜를 보답하고, 극락에 가자」 하였다.

1897년 23세,

어느 날, 신계사神溪寺에서 보조국사普照國師의 수심결修心訣을 읽다가 「만약 마음 밖에 부처가 있고 자성自性 밖에 법이 있다는 생각에 굳게 집착하여 불도를 구하고자 한다면, 누겁累劫이 지나도록 몸과 팔을 태우며 내지 팔만장경을 읽으며 가지가지 고행을 닦더라도, 저 모래를 쪄서 밥을 지으려는 것과 같아, 다만 스스로 수고로움만 더하리라.」라는 대목에 이르러 신심信心이 송연하였다. 그때 장안사長安寺 해은암海隱庵이 하룻밤 사이에 모두 탔다는 소식을 듣고서 '일체사업이 몽환夢幻이로구나' 하다.

1898년 24세,

신계사神溪寺에서 여름 해제 후, 남행하여, 성주星州 청암사靑巖寺 수도암修道庵에서 경허선사鏡虛禪師의 설법說法을 듣던 중, 금강경의 사구게四句偈 「무릇 범부의 형상形相있는 마음은 다 허망虛妄하나니, 만일 모든 형상 있는 마음이 형상 있는 것이 아님을 알면 곧 여래를 볼지니라.」라는 말을 듣고, 안광眼光이 문득 열렸다. 비로소 '반고씨 이전의 면목'을 측해測解하였으니, 이때 한암의 24세, 1898년 가을이었다. 시詩 한 수首를 읊는다.

脚下靑天頭上巒 각하청천두상만
本無內外亦中間 본무내외역중간
跛者能行盲者見 파자능행맹자견
北山無語對南山 북산무어대남산

다리밑에 하늘이 있고 머리 위에 땅이 있네.
본래 안팎이나 중간은 없는 것.

절름발이가 걷고 소경이 봄이여,
북산은 말없이 남산을 대하고 있네.

하루는 경허화상을 모시고 차를 마시던 때에 화상이 말한다.

"고봉화상高峯和尙의 선요禪要에 이르기를, 「어떤 것이 착실히 참구
하고 착실하게 깨달은 소식인고?」, 스스로 답하기를 「남산에 구름이
일어나니 북산에 비가 내린다.」라고 하였다. 이것이 무슨 도리인고?"

한암화상漢巖和尙이 답한다.
"창문을 열고 앉았으니, 와장瓦墻이 앞에 있습니다."

경허화상鏡虛和尙이 이튿날 법좌에 올라가 대중에게 이른다.
"원선화遠禪和의 공부가 개심開心을 지났다."

개심開心이란 진심眞心을 측지測知한 경계이다. 하루는 한암화
상漢巖和尙이 전등록傳燈錄을 보다가 약산藥山이 석두石頭에게 이
르기를 「일물불위처一物不爲處」 즉, '한 물건(情)도 작용하지 않는
곳'이라는 데 이르러서, 홀연히 마음길이 홀연히 끊어진 것이 흡
사 통 밑이 빠져버린 것 같았다. 한암화상漢巖和尙이 문자반야文
字般若를 통해通解한 것이다.

1899년 겨울,

한암漢巖의 24세 겨울, 해인사海印寺에서 경허화상鏡虛和尙과 헤어
진 이후, 서로 만나지 못하였다. 1898년 경허화상은 성주星州 청암
사靑巖寺 수도암修道庵을 떠나, 1899년 해인사에 머물다가, 1902-
1903년 범어사 등지에 족적을 남기고, 구름같이 경상도 전라도를
유산遊山하다가 1904년 천장암天藏庵에 들러 만공화상滿空和尙에게

은근분부慇懃分付의 전법게傳法偈를 써 주고 북쪽으로 떠나서, 갑산甲山에서 자취를 거두었다. 경허화상은 1904년 발길을 북으로 하여 1912년 졸하고, 1928년경에 수월의 방제方弟가 혜월에게 연락하여 다비하였으니, 실로 24년간을 세상에서 잊혔던 것이다.

1905년 30세,

봄에 통도사通度寺 내원선원內院禪院에서 조실祖室. 이후 인연 따라 유산遊山하여 5년 세월이 흐르다.

1910년 35세, 계오契悟

봄에 대중을 흩고 고향故鄕인 맹산孟山 우두암牛頭庵에 들어가 겨울을 보내는데, 혼자 부엌에서 불을 지피다가 홀연히 계오契悟하니, 수도암에서 개심開心한 때와 차이가 없었으나, 한줄기 활로촉처活路觸處가 분명하였다. 연구聯句를 읊는다.

看火厨中眼忽明 간화주중안홀명
從玆古路隨緣淸 종자고로수연청
若人門我西來義 약인문아서래의
岩下泉鳴不濕聲 암하천명불습성

부엌에서 불불이다 별안간 눈 열리니,
이길 좇아 옛길이 인연을 따라 분명하네.
날보고 서래의를 묻는 이가 있다면,
바위 밑 샘소리 젖는 일 없다 하리.

村狵亂吠常疑客 촌방난폐상의객

山鳥別鳴似嘲人 산오별명사조인 조
萬古光明心上月 만고광명심상월
一朝掃盡世間風 일조소진세간풍

마을 개 짖는 소리에 손님인가 의심하고,
산새의 울음소리는 사람을 조롱하는 듯.
만고에 빛나는 마음의 달이,
하루 아침에 세상 바람을 쓸어버렸네.

이로부터, 한암화상漢巖和尙은 세간世間에 들고나지 않으며, 때
와 곳에 따라 선풍禪風을 진작하였다.

1925년 50세,
봉은사奉恩寺의 조실로 있다가, 친일승려親日僧侶가 도움을 청하자,
스스로 맹세하기를 「차라리 천고千古에 자취를 감춘 학鶴이 될지
언정, 춘삼월에 재잘거리는 앵무새는 배우지 않겠노라.」 하며 오
대산五臺山에 들어가, 27년간 산문山門 밖을 나오지 않고, 올올兀兀
히 좌선坐禪하다가 생生을 마치다.

1928년 53세,
혜월스님으로부터 경허대사의 다비소식을 듣다.

1933년 58세 대오大悟.

1951년, 76세 봄,
가사袈裟를 입고, 단정히 좌탈坐脫하다. 향년 76세요 법랍 54세.

─ 별록 ─ 탄허 述.

한암화상漢巖和尙의 저술著述에 「일발록─鉢錄」 한 권이 있었는데, 상원사上院寺의 화재에 소실燒失하였다. 한암화상漢巖和尙의 고제高弟에 보문普門과 난암暖庵이 지행志行이 초절超絶하여 종풍宗風을 떨쳤으나, 보문普門은 일찍 별세하였고, 난암暖庵은 왜국倭國에 가 돌아오지 않았다. 1951년 봄, 화상이 미질微疾을 보이고, 이렛날 아침에 죽 한 그릇과 차 한 잔 드시고, 사시巳時에 가사袈裟를 입고, 단정히 앉아 좌탈坐脫하였다.

예부터 도道가 높은 이가 생사生死에 자재自在함은 그 수도修道가 용무생사用無生死의 경지境地에 이른 까닭이다. 당唐의 등은봉선사鄧隱峰禪師는 거꾸로 서서 돌아갔으며, 관계선사灌溪禪師는 자기 몸을 태울 화장火葬나무를 준비하였다가 그 위에 앉아서 제자에게 불을 붙이라 이르고, 그 불이 타오르기 전에 입적入寂하였다.

고려高麗의 보조국사普照國師는 법상法床에서 제자들과 백문백답百問百答을 마친 다음, 법상에서 내려와 마루에 걸터앉은 채, 열반涅槃하였다. 근세近世에 열반상涅槃相으로 유명한 선지식善知識으로 혜월慧月과 한암漢巖을 손꼽는다.

─벽치토각성 碧峙兎角聲─

일설에는 한암화상漢巖和尙이 1933년 58세에 대오大悟하였다고 한다. 1933년에 혜월화상(1862-1936)이 오대산 상원사에 왔다. 그때 한암화상이 학인에게 달마대사의 관심론을 설하는데, "我本求心心自持 求心不得待心知"의 해석에 이르러 "내가 본래 마음을 求하야 마음을 스사로 가지노니, 마음을 구하야 얻지 못하거든 마음에 知를 기다리라."라 새겼다. 이에 혜월화상(1862-1936)이 "그럴 리가 있나!" 하고는 "내가 본래 마음을 구하였으나 마음은 스스로 지녔나니, 마음을 구하려든, 마음 알기를 기다리면 얻지 못하니라."라 하였다. 한암은 말이 없었다. 한암은 밤새워 정좌靜坐하여 새벽녘에 진심眞心이 현현顯現하여 대오大悟를 성취하였다. 다음날 큰절 월정사月精寺에서 혜월화상이 선암사仙巖寺로 떠난다는 전언傳言이 왔다.

이에 한암화상은 가사袈裟를 수垂하고서 학인들을 이끌고 월정사 일주문에 당도하여 혜월화상을 보았다. 혜월화상을 만나자마자 "지은至恩을 입었습니다." 하고는 오체투지五體投地를 하였다. 혜월화상이 일으켜 세우고서, 서로 손을 잡고 크게 웃었다. 혜월은 한암보다 14세 위의 동문사형同門師兄이다.

—이 설은 대구大丘의 석재石齋 서병오徐丙五(1862-1935)거사와 그 문인門人 무위당無爲堂 이원세李元世(1898-1999)거사가 월정사에서 직접 본 바를 무위당無爲堂이 필자薔虛에게 전한 이야기이다. 석재石齋와 무위당無爲堂은 대구의 이름 높은 거사이다. 석재石齋는 팔능八能의 별칭이 있으며, 주희朱熹의 후신後身이라는 이석곡李石谷(1855-1928)의 수문인首門人이요, 무위당無爲堂은 50여 년 무자화두無字話頭를 들다가 1974년 백봉거사白峰居士를 만나 개오開悟하였다. 또한 한의학漢醫學의 진인眞人이다. 해인사 동화사 통도사에 석재石齋의 필묵筆墨이 남아 있다.

필자薔虛가 한암집(1990 극락선원판, 22쪽)을 살피니, 1932년에 만해萬海가 주필主筆이 되어 발간하던 잡지 '불교100호'에 "내가 본래 마음을 求하야 마음을 스사로 가지노니, 마음을 구하야 얻지 못하거든 마음에 知를 기다리라."라 한 것을 확인 하였다.

한암화상의 1932년 한암 57세의 글에 "我本求心에 心自持라 求心不得이니 待心知하라."라 하였으니, 1933년 58세에 혜월화상(1862-1936)을 의지하여 대오大悟하였음이 확실하다고 하겠다. ─

(위 한암약적漢巖略跡의 경지境地에 측지測知, 개심開心, 개오開悟, 대오大悟 ─ 라 함은 1933년 58세 대오설大悟說에 기반 하였다. 선사禪師들의 오처悟處를 살펴보면, 보조지눌普照知訥은 세 번의 깨달음을 얻고, 소동파蘇東坡도 세 번의 깨침을 얻으며, 감산덕청憨山德淸은 네 번의 깨침을 얻으며, 용성龍城도 네 번의 깨달음을 얻는다. 비유하면 깜깜 밤중이 아침이 맞이하매, 그 밝아짐에 차례가 없을 수 없는 것과 같다. 처음에 허붐하다가, 다음에 어슴푸레해지며, 그 다음에 산천초목山川草木이 살며시 나타난다. 그리고 해가 뜨면 만상萬象이 또렷해지는 것과 같다. 그 이후의 보살경지는 하루, 한 달, 사계四季를 경험하는 것에 비유할 수 있다.)

慧漢大笑芮芮輝
上元默坐人天鏡
盲孫不知臺煙霧
咎愆禪和掉頭兮

◉ **일화 逸話**

제1화 경허선사와 이별

한암은 23세에 경허선사를 만나 1899년 24세에 해인사에서 이별하였다. 경허화상의 북방행은 1899년에 한암과 이별함으로 시작하여, 1904년 7월 천장암의 만공화상에게 전법게를 써 주고 법화를 당부함으로써 승연僧緣을 쉬었던 것이라 하겠다. 경허화상鏡虛和尙이 해인사海印寺에서 한암漢巖을 이별離別할 때, 은근히 한암을 데리고 가고 싶어 하며, 글文과 시詩를 지어 한암漢巖에게 주었다.

"나鏡虛는 천성이 화광동진和光同塵을 좋아하고 겸하여 꼬리를 진흙 가운데 끌고 다니기를 좋아하는 사람이다. 다만 스스로 삽살개 뒷다리처럼 너절하게 44년의 세월을 지냈더니 우연히 해인정사海印精舍, 海印寺에서 한암漢巖을 만나게 되었네. 그의 성행性行은 순직順直하고 또 학문學問이 고명高明하여 1년을 같이 지내는 동안에도 평생에 처음 만난 사람같이 생각되었다. 그러다가 오늘 서로 이별하게 되니 조모朝暮의 연운烟雲과 산해山海의 원근遠近이 진실로 영송迎送하는 회포를 흔들지 않는 것이 없다. 하물며 덧없는 인생은 늙기 쉽고 좋은 인연은 다시 만나기 어려운 즉, 이별의 섭섭한 마음이야 더 어떻다고 말할 수 있으랴. 옛날 사람은 말하기를, "서로 알고 지내는 사람은 천하에 가득 차 있지만 진실로 내 마음을 알고 있는 사람은 과연 몇이나 되랴!" 고 하지 않았는가. 한암이 아니면 내가 누구와 더불어 지음知音이 되랴. 여기 시詩 한 수를 지어서 뒷날에 서로 잊지 말자 부탁하네."

捲將窮髮垂天翼 권장궁발수천익
謾向搶揄且幾時 만향창유차기시
分離尚矣非難事 분리상의비난사
所慮浮生渺後期 소려부생묘후기

북해에 높이 뜬 붕새 같은 포부,

변변치 않은 데서 몇 해나 묻혔던가.

이별은 예사라서 어려운 게 아니지만,

부생浮生이 흩어지면 또 볼 기회 있으랴.

한암漢巖은 경허화상鏡虛和尙에게 답시答詩 한 수首를 올린다.

霜菊雪梅纔過了 상국설매재과료

如何承侍不多時 여하승시부다시

萬古光明心月在 만고광명심월재

更何浮世謾留期 갱하부세만유기

상국霜菊과 설중매雪中梅는 겨우 지나갔는데,

어찌하여 오랫동안 모실 수가 없을까요.

만고에 변치 않고 늘 비치는 마음의 달이온대,

뜬 세상에서 뒷날을 기약해 무엇하리오.

한암漢巖은 시로써 화답和答하고 화상和尙을 좇지 않았다.

(한암의 속내가 구전하나 여기에 적지 아니한다.)

제2화

용성龍城스님은 "대처승帶妻僧 때문에 불법佛法이 망한다."고 걱정을 하였고, 이를 바루기 위하여 노력하였다. 독립된 선방禪房을 만들어 불법의 정맥을 세우는데 힘썼다. 가는 곳마다 선회禪會를 열고 총림叢林을 구상하였다. 또 수월水月스님은 절일을 손에서

놓지 않았고, 혜월慧月스님은 쉬지 않고 논밭을 개간하여 자급자족을 꾀했으며, 만공滿空스님은 사찰의 건축에 힘썼다.

한암漢巖스님은 노사老師들과 달리 일체의 바깥일에 관심이 없었다. 밤에 잠시 누울 때를 제외하고, 언제나 큰방에서 대중大衆과 함께 좌선坐禪하였다. 새벽 3시에서 밤 9시까지, 항상 허리를 꼿꼿하게 펴고 앉아 참선參禪만 하였다. 조실방祖室房이 있어도 가지 않았다. 그러므로 단단한 수좌가 아니면 한암스님 회상에서 지내기 어렵다고 지레 겁을 먹고 오지 않았다.

화두話頭를 선택하는 방법에 대하여는, "여러 가지 화두 중에서 자기가 생각해 보아 의심이 잘되는 화두는, 그것이 인연이 있는 화두니, 그 화두로 공부하라." 고 하며, 또 "일단 선택한 화두는 결코 버리지 말고 항상 끊임없이 추궁해 가라." 그리고 "결코 혼침昏沈에 떨어지지 말고, 산란심散亂心에 끄달리지 말고, 행주좌와行住坐臥 어묵동정語默動靜에 간단間斷없이 화두를 들어라." "끊임이 없이 깨어 있음이 도다(無間斷是道무간단시도)." 고 간곡히 이른다. 한용운韓龍雲 스님은 "이 나라 7천 승려 가운데서 뜻이 굳기는 한암漢巖스님이 으뜸이다."라고 여러 번 말하였다.

제3화

한암漢巖스님은 남의 잘못에 대하여는 결코 말하지 않았다. 세상을 잊고 공부工夫만을 지킴이 호수湖水처럼 고요하여, 늘 청결淸潔하며 오뚝하니 앉아 삼매三昧에 들었다.

간혹 칭찬은 하였다. "혜월慧月스님의 혜慧의 밝기가 비수 같다." "용성龍城스님은 경經·율律·론論 삼장三藏에 당대에 박통제일博通第一이다." "만공滿空스님은 호걸豪傑이요, 법法이 높은 훌륭한 스님이다." "제산霽山스님은 장壯하다."라 하였다.

당시에 월정사月精寺 주지 지암智庵은 조계종曹溪宗 종무원장宗務院長이었다. 그가 출타했다가 돌아오면 오대산의 승려들이 산문山門 밖까지 나가서 그를 가마에 태워 오곤 했다. 어느 날, 노승老僧 한암漢巖이 주지를 마중하는 대중들과 함께 산문 밖으로 나왔다. 한암漢巖을 본 지암智庵이 놀라며, "큰스님께서 어인 일이십니까?" 하고 묻자 "이 늙은이도 대중의 일원이니, 함께 마중 나왔다."라 답했다. 지암智庵이 그 뒤로 가마에 오르지 않았다. 꾸중하지 않고 행실을 돌아보게 한 것이다.

제4화

오대산 선원禪院은 오직 참선參禪만 할 뿐, 다른 일이 없는 선도량禪道場이다. 수좌들에게 경經을 보라고 권하는 일은 없었다. "참선은 스스로가 지어가는 것이지만, 불조佛祖의 어록語錄은 혼자 뜯어 볼 정도의 글힘이 있어야 한다."고 한암스님이 말하였다. 수좌들도 놀지 말고 틈틈이 글자를 보아도 좋다고 하셨다.

오대산 선원禪院은 점심공양 후, 차茶 마시는 가풍家風이 있었다. 대중이 다 함께 큰 방에 둘러 앉아 마가목차를 마셔가면서 조실스님의 선문강의禪門講義를 듣는 것이다. 대중이 차를 마시면서 듣는 법문은 무의식중에 깨우는 데가 있었다. 스님이 이른다.

"선禪을 해서 이치를 통하고 나면, 경經 보기는 어렵지 않느니라. 경經보기를 서두르지 말고 선禪에 힘쓰라. 뜻을 얻으면 글은 저절로 알게 된다."

스님이 또 이른다.

"문자文字에 한번 젖어 버리면, 도道는 어느 듯 멀게 된다. 다만 그 예외가 있으니 규봉圭峰스님이라."

(예외가 더 있으니, 영명대사와 감산대사이다.)

제5화 말이 없는 한암

스님은 좀체 말이 없다. 묻지 않으면 거의 말하지 않았다. 수좌가 찾아 와서 인사를 드리고 『한 철 모시고 지내겠습니다.』하면, 『그러시오.』이 한 마디뿐이다.

참선 중에 졸면 존다고 따로 깨우쳐 주는 일도 없다. 다만, 차 마실 때에 졸면 안 된다고 조용히 말할 뿐이다.

『참선의 병은 혼침昏沈과 도거掉擧다. 혼침은 혼혼한 졸음에 빠지는 것이고 도거는 망상이다.』

그것을 경계하라고 말하고, 망념과 졸음을 쫓도록 하시는 것이다, 매일 차 마시면서 법문이 있었으므로 결제 중이라도 '초하루, 보름의 법문'이 따로 없었다. 다만 결제結制, 해제解制때만은 특별한 상당법문上堂法問이 있었다.

또 처음 찾아오는 신도분이 있어도 그저 아무 말이 없다. 앉아서 몸을 반쯤 숙여서 함께 인사를 받을 뿐이다. 담소談笑가 일체 없다. 한암스님은 이렇게 말없이 사시다가 말없이 가셨다.

담담淡淡히 선방에 앉아서 오직 좌선만 하시던 스님은 변함이 없었다. 뒷날 종정宗正스님이 되어서도 그랬고, 열반涅槃에 이르러서도 같았다. 오직 담담무사淡淡無事를 보인 것이다.

제6화

한암화상漢巖和尙은 신도信徒가 와서 불명佛名을 지어 달라고 하면, 사양하지 않고 즉석에서 바로 지어 준다.

　了知一切法 요지일체법
　自性無所有 자성무소유
　如是解法性 여시해법성
　卽見盧舍那 즉견노사나

불명佛名을 지어 주고 위의 게偈를 써 주면서, 한 번 설명을 해준다. 그것으로 끝이다. 처음 보는 분이든 여러 번 본 분이든, 스님을 찾아와 인사를 하면 언제나 같이 맞절을 했다.

그러나 손이 간다고 일어나거나, 멀리 가는 손이라 하여 전송傳送하는 일은 없었다. 위의 게偈는 경허화상鏡虛和尙이 사형師兄혜월선사慧月禪師에게 써준 전법게傳法偈이다. 한암이 스승의 견처를 기리며 이 게와 경지가 같고자 한 것이리라. 한암은 스승이만공에게 써 준 전법게에 대해서 말하지 않았다. 한암은 오직 위의 게를 귀히 여겼다.

한암화상漢巖和尙은 『금생에 마음을 밝히지 못하면, 한방울의 물도 소화하기 어려우니라.』라는 서산대사西山大師의 말씀을 자주 인용하였다.

오직 스님은 우뚝하니 앉아서, 화두話頭만 하였고, 다른 생각은 없었다. 기거동작起居動作에 물건을 아꼈다.

시자侍者들이 한암화상漢巖和尙이 돈 쓰는 것을 보지 못했다. 다만 수좌首座들이 가면 노자路資를 주었는데 으례 2원씩 주었다. 그 돈은 궁인宮人들이 기도祈禱와서 약값이라고 얼마간 드리고 가면, 그것을 두었다가 길을 떠나는 수좌首座에게 나누어 주었다.

한암화상漢巖和尙은 오직 수행修行을 할 뿐, 바깥일은 잊은 것이다. 약간의 지견知見도 군더더기로 보고, 수행修行의 요결要訣인 "외식제연外息諸緣 내심무천內心無喘"에 온전하고자 하였던 것이다. 대저 지견선사知見禪師들의 병통病痛이 공안의 통해通解로써 공부를 삼고, "외식제연外息諸緣 내심무천內心無喘"에 온전하지 못하여 경지境地가 크게 나아가지 못함을 경계警戒하였던 것이다. 뒷사람의 공부행로가 한암화상漢巖和尙을 따르면 허물이 적을 것이다.

한암스님은 오대산에서 30년을 산에서 내려오지 않았다. 1951년, 동란動亂 중에 오대산 상원사上院寺에서 입적入寂하였다. 보름 동안 곡기穀氣를 끊고 좌선坐禪하다가 열반涅槃에 들었다. 앉은 자세로! 시자 한 사람과 신도 한 분이 시중을 들었다. 시자가 낮에 죽을 쑤어 놓고 가서 말했다.

"스님! 죽粥을 드시겠습니까?"

아무 말 없이 앉아 있었다.

"스님, 죽粥이 다 되었습니다."

역시 아무 말이 없었다. 살펴보니, 이미 앉아서 입적入寂하였다.

● 선문답 禪問答

만공滿空스님이 묘향산의 한암漢巖스님에게 편지하였다.

"우리가 이별한 지 십여 년이나 되도록 서로 거래가 없었오. 구름과 달과 시냇물과 산이 어디나 같건만, 언제나 북쪽을 향하여 경앙敬仰하고 있소. 그러나 북녘 땅에는 춥고 더움이 고르지 못할까 염려되오. 북방에만 계시지 말고, 걸망을 지고 남쪽으로 와서 납자들을 지도함이 어떠하겠소?"

한암스님으로부터 답서가 왔다.

"가난뱅이가 묵은 빚을 생각합니다." (貧兒思舊債)

만공스님이 답하였다.

"손자를 사랑하는 늙은이는 자연히 입이 가난하다오." (愛孫老翁自然
口貧)

한암스님이 답하였다.

"도둑이 간 뒤에 활줄을 당김이로다." (賊過後張弓)

만공스님이 답하였다.

"도둑의 머리에 이미 화살이 꽂혔느니라." (旣已賊頭揷矢在)

제2화

만공滿空스님이 금강산의 한암漢巖스님에게 편지를 보냈다.

"한암寒巖이 금강金剛에 이르니, 설상가상雪上加霜이구나. 지장도량
地藏道場에 업경대業鏡臺가 있으니, 지은 허물이 얼마나 되오?"

한암漢巖이 답장을 보냈다.

"묻기 전과 물은 후를 합하여 삼십三十방망이를 맞았습니다."

(이후, 한암寒巖과 만공滿空은 아래와 같이 편지를 주고받는다.)

만공   방망이 맞은 뒷 소식은 어떠하시오.

한암   지금 곧 잣서리가 한창이니, 이때를 놓치지 말고 오셔서 같이
       놀면 즐겁지 않겠습니까?

만공   암두巖頭의 잣서리 늦은 것은 원통하지만, 덕산德山의 잣서리
       늦은 것은 원통하지 않소.

한암   암두巖頭와 덕산德山이라는 이름은 알았으나, 그들의 성姓은
       무엇입니까?

만공	도둑은 천리를 도망갔는데, 뒤에 성명을 묻는 문전객門前客이여! 성姓은 물어서 무엇하겠소?』
한암	금선대金仙臺(만공의 거처) 안에 보배 화관이여! 금은金銀과 옥백玉帛으로 견주기 어렵도다.

만공스님은 백지白紙에 원圓을 하나 그려서 보냈다.

일제강점기에 경성제대 교수, 왜국倭國 조동종曹洞宗의 명승名僧 사또오佐藤가 한국 불교계를 돌아본 후, 마지막으로 오대산五臺山 상원사上院寺의 한암화상漢巖和尙에게 와서 법문답法問答을 한 일이 있었다. 사또오가 말문을 열었다.

"어떤 것이 불법의 대의大義입니까?"

한암화상은 곁에 놓여 있던 안경집을 들어 보였다.
그러자 사또오가 다시 물었다.
"스님이 일대장경一大藏經과 조사어록祖師語錄을 보시매, 어느 경전과 어느 어록에서 가장 깊은 감명을 받았습니까?"

한암은 사또오의 얼굴을 바라보다가 대답했다.
"적멸보궁寂滅寶宮에 참배나 갔다 오라."

한참 있다가 사또오가 또 물었다.
"스님께서는 젊어서부터 입산入山하여 지금까지 수도하여 왔으니, 만년의 경계와 초년의 경계가 같습니까, 아니면 다릅니까?"

한암은 잘라 대답하였다.

"모르겠노라."

사또오가 일어나 절을 하며 말했다.

"활구법문活句法問을 보여 주어서 대단히 감사합니다."

이 인사말이 끝나기도 전에 한암이 말했다.

"활구活句라고 말했으니, 이미 사구死句가 되고 말았네."

사또오는 3일 동안 유숙留宿하고 상원사上院寺를 떠났다.

뒷날 어느 강연석상에서 사또오 교수가 말한다.

"한암스님은 일본 천지에서도 볼 수 없는 인물임은 물론이고, 세계적으로 둘도 없는 존재다."

이 일이 있은 이후로 조선총독부의 왜인고관倭人高官들과 우리나라를 방문한 왜인倭人 저명인사著名人士들이 상원사上院寺로 한암화상漢巖和尙을 찾아오는 일이 잦았다.

제4화

1926년 여름, 상원사上院寺에서 단암檀庵스님이 한암漢巖화상에게 물었다. 단암스님은 용성龍城스님의 제자이다.

"스님, 능엄경에 보면 「가히 보낼 수 있는 모든 것은 자연히 그대가 아니거니와, 가히 보내지 못하는 것이 그대가 아니고 무엇이냐? 라 하였는데, 이것이 무슨 뜻입니까?" (諸可還者제가환자는 自然非汝자연 비여어니와 不可還者불가환자는 非汝而誰비여이수오?)

한암중원漢巖重遠 167

한암스님이 가만히 앉아 있다가 말하였다.

"원숭이가 거꾸로 나무에 올라간다." (獼猴호손이 倒上樹도상수니라)

단암은 그 말을 듣고 눈을 끔벅이며 말했다.

"무슨 말씀인지 얼른 이해가 안 갑니다."

한암스님이 답하였다.

"내일 이 시간에 다시 물어라."

어느 날, 운봉雲峰이 한암漢巖스님에게 물었다.

"스님, 스님의 오도송悟道頌에 보면ㅡ"부엌에서 불붙이다 별안간 눈 밝아지니/ 이로부터 옛길이 인연 따라 맑고나./ 나에게 서래의西來意를 묻는다면,/ 바위 밑 샘소리는 젓는 일 없다하리." 着火廚房中眼忽明 從玆古路隨緣淸 若人問我西來意 岩下泉鳴不濕聲라고 하셨는데, '바위 밑 샘소리岩下泉鳴' 가 어떻게 서래의西來意가 됩니까?"

한암스님이 가만히 듣고 답하였다.

"이것이 네 뜻이 아닌 고로, 조사祖師의 뜻이니라." (不是汝意故불시여의고 是祖師意시조사의)

운봉雲峰스님이 눈을 깜박깜박하고 앉아있더니, 차茶 한잔을 마시면서 말한다.

"스님께서 속서俗書에 능한 것을 익히 들었습니다."
한암스님이 가만히 일렀다.

"내가 그대를 공부인工夫人이라고 잘못 부를 뻔 했구나." (錯喚汝是林
下客착환여시임하객이라)

동화東華스님이 중대中臺로 한암스님을 찾아와 예배하고 물었다.

"기신론起信論에 '망념妄念을 다 보내고, 망념을 보낸 생각도 또한없
애야 한다,'―고 하였는데 어떻게 제상除想을 합니까?" (일체망념―切
妄念을 수렴제收斂除하되 역견제상亦遣除想이라」 하였사오니, 어떻게
그 제상除想해야 하겠습니까?)

한암스님은 가만히 있다가 답하였다.
"마명馬鳴보살에게 물어보라." (問取馬鳴문취마명)

동화스님은 또 물었다.
"마명馬鳴이 지금 어디에 있습니까?"

한암스님의 대답이다.
"말 울음 소리가 벽력 소리보다도 더 높다." (馬嘶聲高過霹靂 마시성
고과벽력)

동화東華스님이 말없이 스님에게 절하고 물러갔다.

법화경法華經에 「대통지승불大通智勝佛이 10겁을 도량道場에 앉아

있어도, 불법佛法이 현전現前하지 않아서 성불成佛하지 못했다.」하
는 대목에 이르러서, 용명스님이 물었다.

"스님, 이것이 무슨 뜻입니까?"

한암스님이 대답한다.

"물로 물을 씻지 못하고, 손가락은 스스로를 만지지 못하니라." (수
불세수水不洗水요, 지불자축指不自觸이니라).

14

운봉성수
雲峯性粹
1889–1946

◉ 약적 略跡

1889년

경북 안동군 남후면 수점동에서 출생. 태어날 즈음, 흰 광명이 하늘 높이 뻗혀 동리사람들이 경이롭게 여기다.

1901년 13세,

영천永川 은해사銀海寺 일하화상一荷和尙에게 출가.

1903년 15세

사미계沙彌戒를 받다.

1911년 23세

범어사梵魚寺에서 구족계具足戒를 받다.

1913년 25세

상주 원적사圓寂寺에서 석교화상石橋和尙에게서 율律을 배우다.

1914년 26세

사교입선捨敎入禪하여 금강산金剛山, 오대산五臺山, 묘향산妙香山, 지리산智異山 등에서 선지식善知識을 참방하여 수행하며 법을 구하다.

1923년 35세 겨울,

장성 백암산白巖山 운문암雲門庵에서 발분發憤하여 정진하다. 이때 운봉雲峯은 깊은 삼매三昧에 들어 밤과 낮을 지우고, 자고 먹는 일도 잊었다. 섣달 보름날 삼경三更, 해맑은 달빛을 맞으며 경행하는 중에 대문 밖을 걷다가 홀연히 한 줄기 청정광명淸淨光明의 옛길을 확철廓徹히 관통貫通하였다. 흉중에 걸렸던 의심을 소멸消滅하고 읊었다. 개오송開悟頌이다.

出門騫然寒徹骨 출문건연한철골
豁然消却胸滯物 활연소각흉체물
霜風月夜客散後 상풍월야객산후
彩樓獨在空山水 채루독재공산수

문을 나서 넘어질세, 홀연히 찬 기운이 뼛속에 사무치나니
활연豁然하여 흉중에 걸린 물건 소각消却하였네.
상풍霜風 노니는 달밤이라, 나그네 떠난 뒤로세
높은 누각에서 홀로 산과 물이 공空함을 보노라.

1924년

부산 선암사仙巖寺 혜월선사慧月禪師를 찾아갔다. 혜월노사慧月老師가 이렇게 저렇게 모지모현某指某顯의 기봉機鋒을 시험한 뒤 허여許與하고 입승立繩을 맡겼다.

어느 날, 운봉雲峯이 혜월노사慧月老師에게 물었다.

"삼세제불三世諸佛과 역대조사歷代祖師 는 어느 곳에서 안심입명安心立命합니까"

혜월노사慧月老師가 말없이(良久) 있었다. 운봉이 손바닥으로 툭 치며 말하였다.

"산 용龍이 어찌 죽은 물속에 있습니까?"

"그러면 너는 어떻게 하겠느냐?"

운봉이 불자佛子를 들어 보이자, 혜월노사가 말했다.

"옳지 않다."

"스님! 찬 기러기가 창문 앞으로 지나간 것을 모르십니까?"

"내가 너를 속일 수가 없구나."

혜월노사慧月老師가 기뻐하며 인가認可하고, 방장실方丈室을 운봉雲峯에게 맡겼다. 혜월선사慧月禪師가 전법게傳法偈를 주다.

一切有爲法 일체유위법
本無眞實相 본무진실상
於相若無相 어상약무상
卽名爲見性 즉명위견성

일체의 유위법有爲法이
본래로 진실한 모습이 없느니라.
모습을 보되 모습을 여의면
이름하여 견성見性이니라.

諸相本非相 제상본비상
無相亦無住 무상역무주
卽用如是理 즉용여시리

此是見性人 차시견성인

모든 마음의 모습은 본래 모습이 아닌 것
(망심은) 모습 없고 머무름 없나니
(진심의) 대용大用에 이와 같으면
이가 바로 견성한 사람이니라

1925년

도봉산道峯山 망월사望月寺의 용성선사龍城禪師 회상會上에 가다.

어느 날, 용성노사가 법상法床에 올라 말하였다.

"삼세제불三世諸佛이 나를 보지 못하고, 역대조사歷代祖師 또한 나를
보지 못하였거늘, 오늘 눈앞의 대중大衆들은 어떻게 나를 보는고?"

운봉雲峯이 앞으로 나가 말하였다.

"유리 독 속에 몸을 감추었습니다."

이후, 제방의 선객禪客들이 운봉雲峯의 답答에 논란論難을 두었
다. 동광혜두東侊慧頭 등이 설판說辦하여 "운봉雲峯의 답答이 번개
와 우레 같고, 구름과 비와 같아 만인萬人을 깨우도다."라 하다.

1926년

만공화상滿空和尙이 있는 덕숭산德崇山으로 갔다. 만공화상은 운봉
의 사숙師叔이다. 만공화상이 운봉의 기봉機鋒을 허여許與한 뒤부
터 제방에서 조실祖室로 널리 뫼시게 되었다. 통도사通度寺, 범어
사梵魚寺, 도리사桃李寺, 내원사內院寺에서 선풍禪風을 떨쳤다.

1941년 辛巳年 봄,

단석산丹石山에 은거隱居.

1943년 癸未年

동해안 월내포月內浦 묘관음사妙觀音寺에서 병病을 보이다.

문인 향곡香谷이 물었다.

"스님은 도道를 깨치셨습니까?"

"깨달을 것이 있으면 도道가 아니요, 도道라고 이르면 이미 깨달음이.

아니다."

그리고는 명연明然히 향곡香谷을 한 대 때렸다.

향곡이 또 묻는다.

"대적정삼매大寂靜三昧는 변함이 없습니까?"

"누가 적정삼매寂靜三昧라 하더냐?"

"열반涅槃의 길 끝은 어디에 있습니까?"

"아야! 아야!"

1946년 丙戌年

입적入寂하기 약 열흘 전에 향곡香谷이 말했다.

"스님은 언제 입적入寂하시렵니까?"

"토끼 꼬리가 빠지는 날이니라."

운봉선사雲峯禪師의 말 그대로, 음력 이월二月 그믐날 저녁에 유.

표遺表를 향곡香谷에게 주고 편안히 누웠다. 숨을 거두려함에 향

곡이 소리쳤다.

"스님!"

"나를 불러 뭣 하려노."

그리고 입적入寂하였다.

때는 (陽)1946년 4월 1일이요, 세수는 쉰여덟, 법랍은 마흔다섯

이다. 수문인首門人은 향곡혜림香谷蕙林이다. 운봉선사雲峯禪師 이

후 묘관음사妙觀音寺를 본본本으로 삼는 법등法燈의 혈맥血脈은 향곡
혜림香谷蕙林, 진제법원眞際法遠, 금진서강金津西江으로 이어진다.

하나, (精進會上)

주장자로 법상法床을 한 번 치고 이른다.

"대중이여! 분명하게 눈을 뜨고 보라! 이 무슨 시절인고? 이 속에 이르러서는 보리菩提와 열반涅槃이 다 몽환夢幻이요, 오십오위五十五位 또한 몽환夢幻이요, 십팔불공법十八不共法도 몽환夢幻이요, 산하대지山河大地와 만상삼라萬象森羅와 밝고 어두움과 모양 있고 모양 없는 모든 법法이 다 몽환夢幻일 따름이다. 이러한 이야기 또한 몽환夢幻이요, 몽환夢幻이라 하는 것 까지도 몽환夢幻이다."

둘,

주장자로 법상法床을 한 번 치고 이른다.

"이 속에 이르러서는 산하대지와 만상삼라와 모든 법法이 몽환夢幻이 아니요, 보살과 부처도 몽환夢幻이 아니며, 보리와 열반 모두가 몽환夢幻이 아니니라."

다시 주장자로 법상을 한 번 치고 이른다.

"이 속에 이르러서는 부처와 보살이 몽환夢幻이 아니라 하여도 얻지 못하고, 유정무정有情無情과 모든 법이 몽환夢幻이 아니라 하여도 얻지 못한다. 대중에게 묻노라. 어떠하다고 들먹이면 모조리 얻지 못하게 되나니, 필경 어떻게 하여야 구멍 속에 떨어지지 않고 살아남을 수 있겠는가?"

셋,

주장자로 법상法床을 한 번 치고 이른다.

"이 속에 이르러서는 부처와 보살이 몽환이 아니라하여도 얻지 못하고, 모든 법이 몽환이 아니라하여도 얻지 못한다. 대중에게 묻노라. 어떠하다고 들먹여도 모두 얻지 못하나니, 필경에 어찌해야 칠통구멍에 떨어지지 않고 살아남겠는가?"

주장자로 법상法床을 한 번 치고 이른다.

"여기에서 양산 읍내는 사십리니라. 빨리 떠나지 않으면 돌아오기 어렵나니."

넷,

범어사梵魚寺에서 해제 날, 소음素吟하고 설하였다.

欲明今日事 욕명금일사
馬頭生牛角 마두생우각
若人問如何 약인문여하
師故元是女 사고원시녀
片雲生晩谷 편운생만곡
風月落寒潭 풍월낙한담
雲月俱盡處 운월구진처
金烏徹天飛 금오철천비

오늘의 일을 밝히고자 한다면
말 머리에서 소뿔이 솟아남이라.
어찌하여 그런가 하고 묻는다면

비구니는 원래로 여자라 하리.

조각구름은 산골짜기에서 나오고

풍월風月은 찬 못에 떨어지누나.

운월雲月이 다한 곳에

금오金烏가 밝은 허공을 나누나.

주장자로 법상法床을 한 번 치고 "대중은 알겠는가?" 하였다. 대중이 묵묵默默하자, "억!" 하고 또 주장자를 높이 들었다가 놓으며 법상에서 내려오다.

● 선문답 禪問答

하나,

운봉화상雲峯和尙이 태조산太祖山 도리사桃李寺 조실祖室로 있을 때, 통도사通道寺 선방에서 질문이 왔다.

"도리(桃李, 仙境)에 계신다 하니, 원컨대 스님께서 한 차례의 공양을 베푸심이 어떠하온지요?"

운봉화상雲峯和尙이 답하였다.

"어디에다가 입을 대려하느냐?"

통도사에서 또 소식消息을 보냈다.

"급히 흐르는 물에 낚싯대를 드리웠습니다."

운봉화상雲峯和尙이 답하였다.

"우리 복숭아 값, 가져 오너라."

이후, 통도사 선방에서 소식消息이 없었다.

둘,

도리사桃李寺 별당別堂에 만우노장萬愚老長이 있었는데, 문장文章도 잘하고 시詩도 잘 지었으며, 계행戒行이 올곧았다. 만우노장萬愚老長이 입적하여 다비를 마친 후였다.

그때에 석우선사石牛禪師가 물었다.

"오늘 만우노장萬愚老長님이 한 줌의 재가 되어 날아갔으니, 그 간 곳이 어디오?"

운봉화상雲峯和尙이 게송偈頌으로 답하였다.

骨屑飛盡覓無處 골설비진멱무처
咽咽喪制東西哭 인인상제동서곡

골설骨屑이 비진飛盡하여 자취를 찾을 수 없거니
목 메인 상제喪制들이 동서東西에서 곡을 하네.

셋,

어떤 수좌首座가 물었다.

"옛 부처 나기 전에 일상원一相圓이 의연毅然하다 -라 하였습니다. 그 뜻이 무엇입니까?"

운봉화상雲峯和尙이 답하였다.

"늦더위가 찌는구나. 부채질이 바쁘다."

수좌首座가 말했다.

"더위가 (法身을) 침범하지 않거늘, 어찌 부채가 필요합니까?"

운봉화상雲峯和尚이 답하였다.
"더우면 부치고, 시원하면 버리니라."

수좌首座가 말했다.
"풍월風月이 오갈 때는 어떠합니까?"

운봉화상雲峯和尚이 답하였다.
"진흙 밭에 개가 뛰니, 발자국 마다 매화梅花로다."

넷,
어떤 중이 삼처전심三處傳心에 대해 물었다.

"세존世尊께서 꽃을 드신 까닭이 무엇입니까?"
"토끼 뿔 속에 달이 떴느니라."

"세존世尊과 가섭迦葉이 자리를 나누어 앉으신 까닭이 무엇입니까?"
"평지平地에 뼈다귀 무덤을 만들었느니라."

"세존世尊께서 관 밖으로 두 발을 보인 까닭이 무엇입니까?"
"고목나무 바위 앞에, 까마귀 날고 토끼가 달리느니라."

넷,
부산釜山 선암사仙巖寺에서 어느 날, 운봉雲峯이 혜월노사慧月老師에게 물었다.
"삼세제불三世諸佛과 역대조사歷代祖師는 어느 곳에서 안심입명安心立命합니까?"

혜월노사慧月老師가 말없이(良久) 있었다. 운봉이 손바닥으로 툭 치며 말하였다.

"산 용龍이 어찌 죽은 물속에 있습니까?"

"그러면 너는 어떻게 하겠느냐?"

운봉이 불자佛子를 들어 보이자, 혜월노사가 말했다.

"옳지 않다."

"스님! 찬 기러기가 창문 앞으로 지나간 것을 모르십니까?"

"내가 너를 속일 수가 없구나."

혜월노사慧月老師가 기뻐하며 인가認可하고, 방장실方丈室을 운봉雲峯에게 맡겼다. 혜월선사慧月禪師가 전법게傳法偈를 주다.

一切有爲法 일절유위법
本無眞實相 본무진실상
於相若無相 어상약무상
卽名爲見性 즉명위견성

일체의 유위법有爲法이
본래로 진실한 모습이 없느니라.
모습을 보되 모습을 여의면
이름하여 견성見性이니라.

15

고봉경욱
高峯景昱
1890-1961

● 약적 略跡

1890년 대구 지동池洞에서 출생.

1905년 사숙私淑에서 한학독파漢學讀破.

1911년 통도사通度寺에 가서 은사恩師를 구하다.

1911년 상주尙州 남장사南長寺에 입산入山. 혜봉慧峰스님을 은사로 득도. 법명은 경욱景昱, 법호는 고봉古峯.

1915년 팔공산八公山 파계사把溪寺 성전聖殿에서 좌선坐禪, 성전 마당가 바위에서 좌선하다가 개오開悟.

1922년 덕숭산德崇山 정혜사定慧寺 만공화상滿空和尙에게 전법입실 傳法入室 건당建幢.

1924년 내원사內院寺 혜월선사慧月禪師 문하에서 수행.

1940년경 덕숭산 정혜사 밑에서 곡차를 마신 후, 은사 만공스님을 향해 손가락질하며 큰소리로 말했다. "만공滿空이 견성見性을 해! 만공이 견성見性했다면 내 손가락에 장을 지져라!"

1946년 만공滿空 입적入寂 후, 정혜사 조실로 추대.

1948년 백운사白雲寺, 서봉사棲鳳寺 조실.

1950년 공주 마곡사麻谷寺 은적암隱寂庵에서 선회禪會를 열고 선지禪旨를 거양擧揚.

1956년 아산牙山 봉곡사鳳谷寺, 서울 미타사彌陀寺 조실.

1961년 서울 수유동 화계사에서 세수72세 법랍51세로 입적.

● 낙어 落語

하나,

1912년 23세, 상주尙州 남장사南長寺에서 두 달 동안 마구잡이로 경經을 읽더니 고봉古峯이 이른다. "화엄경華嚴經은 마음의 무진법無盡法을 가르치는 보전寶典이요, 법화경法華經은 제법諸法의 실상實相을 가리키는 경전經典이며, 원각경圓覺經은 편각偏覺과 사각邪覺을 대처하고, 능엄경楞嚴經은 마군의 작난으로부터 해탈解脫하는 길을 열어 보였고, 열반경涅槃經은 고통스런 현실 속에서 무상무아無相無我한 상락아정常樂我淨의 열반涅槃을 증득證得하는 방법을 보였으며, 반야경般若經은 무상무주無相無住의 생활을 통하여 육도만행六度萬行을 실천할 수 있도록 가르쳤다."

둘,

1915년 26세, 팔공산八公山 파계사把溪寺 성전聖殿에서 좌선坐禪, 성전 마당가 바위에서 좌선하다가 개오開悟하여 읊다.

風雨洗去後 풍우세거후
明日顯淸明 명일현청명
歷歷山與雲 역역산여운
淸凉流水聲 청량유수성

비바람 가고나니
밝은 태양 솟아났네.
푸른 산, 흰 구름, 눈앞에 뚜렷하나니
흐르는 물소리 시원도 하여라.

셋,

1919년 3월 30일 대구 남문 밖에서 삼천여 명이 만세운동을 하였다. 범부梵夫 김법린스님과 고봉古峯스님 및 동화사 부속의 지방학림의 학생이 주동이었다. 소위 대구사건이다. 이 때 고봉은 마산교도소에서 갖은 고문을 당하여, 평생에 몸을 제대로 쓰지 못했다. 노년에는 중풍中風이 들어 고생하였으나 언제나 밝은 미소를 잃지 않았다. 삼매三昧 중에 입적入寂하였다.

넷,

금강산金剛山에서 읊다.

東方無事客 동방무사객
偶作蓬萊行 우작봉래행
靑嶂連天仰 청장련천앙
白雲落地生 백운락지생

동방의 무사객無事客이
우연히 봉래산에 왔나니
청봉이 잇다아 하늘에 솟았고
백운白雲이 발밑에서 피누나.

雙仙多劫杙 쌍선다겁골
四聖一時淸 사성일시청
廓落沒人境 곽락몰인경
千秋月自明 천추월자명

쌍선봉은 다겁多怯에 편편하거니
사성골이 갑자기 맑아지누나.
사람과 경계를 모다 잇나니
천추千秋에 달은 스스로 밝도다.

다섯,

1960년 고봉古峯이 서울 미타사彌陀寺에 있을 때, 대원경大圓鏡
이 찾아갔다. 그 때 고봉은 중풍中風이 심하고 약간의 치매癡呆가
와서 거동이 매우 불편하였다. 대원경이 "도인道人스님이 왜 이렇

게 계십니까?" 하니, 고봉이 화안하게 웃으며 마당 구석으로 가서 기와를 깨더니 한 조각을 흰 손수건에 싸서 대원경에게 주었다, "대원경! 정법안장正法眼藏일세. 잘 보관하게나!" 하였다. 이듬해 고봉화상이 화계사華溪寺에서 입적入寂하다.

여섯,

1961년 화계사, 고봉은 삼매三昧에 들어 고요하였다. 숭산행원崇山行願이 물었다.

"스님! 어디로 가십니까?"

"사리는 어떻게 할까요?"

고봉은 묵묵부답默默不答, 적적寂寂히 삼매三昧 속에 입적入寂하였다.

일곱,

고봉古峯이 학인學人을 계험計驗할 적에 "但知不會면 是卽見性이니라."라는 물음이 빠지지 아니한다. 이는 지눌화상知訥和尚의 수심결修心訣의 일구一句요, 혜월화상慧月和尚의 자득처自得處이다. 혜월화상慧月和尚의 회상會上에서 허여許與를 득한 이는 모두가 "但知不會면 是卽見性이니라."의 의지意旨에 답하였다. 운봉雲峯, 운암雲巖, 동광東侊과 고봉古峯이 이 노정路程을 벗어나지 아니하였다. ('但知不會면 是卽見性이니라'의 번역과 해의는 읽는 이에게 맡긴다.)

여덟,

1940년경, 고봉古峯은 덕숭산 정혜사定慧寺 밑에서 곡차穀茶를 마신 후, 은사 만공滿空스님을 향해 손가락질하며 큰소리로 말했다.

"만공滿空이 견성見性을 해, 만공滿空이 견성見性했다면 내 손가락에 장을 지져라!"

만공滿空스님은 말이 없었다.

● **법어 法語**

하나.

고봉古峯이 법좌法座에 올라 주장자拄杖子를 한번 들었다 놓고 일렀다.

"이것이 무엇인고?"

학인學人이 일어나 답한다.

"스님의 마음이요, 저의 본성本性입니다."

고봉이 이른다.

"또!"

학인學人이 말이 없었다.

"식은 죽 갓 둘러 먹다가 판나겠구나."

둘.

고봉古峯이 법좌法座에 올라 이른다.

欲識如來因地行 욕식여래인지행

看取文殊所問章 간취문수소문장

了悟法空空亦忘 료오법공공역망

從此轉愚成覺皇 종차전우성각황

여래如來의 인지행因地行을 알고자하면

문수文殊의 물음을 자세히 보라.

법공法空을 깨치고 공空한 자취를 잊으면,

어리석은 마음 돌려 각황覺皇이 되리라.

법法이 공空한 도리를 알겠는가? 알았다면 알았다는 그 생각까지도 놓아버려야 하느니라. 악! 하고 법좌法座에서 내려오다.(麻谷寺 講院에서)

셋.

만공滿空스님 입적入寂 후, 고봉古峯이 정혜사定慧寺 조실이 되어 결제법문을 하였다. 대중스님이 물었다.

"어떻게 참선參禪하면 공부가 잘 될 수 있습니까?"

경허선사鏡虛禪師 참선곡參禪曲을 읊고 이른다.

"이와 같이 공부工夫하면 잘할 수 있다."

―참선곡參禪曲 약기略記―

홀연히 생각하니 도시몽중都是夢中이로다.

천만고千萬古 영웅호걸英雄豪傑 북망산 무덤이요,

부귀문장富貴文章 쓸데없다. 황천객을 면할소냐.

상락아정常樂我淨 무위도無爲道를
사람되어 못 닦으면 다시 공부 어려우니
나도 어서 닦아보세.

일념만년一念萬年되게 하여
침식寢息을 잊고 공부에 몰두할 제
대오大悟하기 가깝도다.

지옥地獄 천당天堂 본공本空하고
생사윤회生死輪回 본래 없다.

희로심喜怒心을 내지 말라.
허령虛靈한 나의 마음, 허공虛空같나니,
팔풍오욕八風五欲 일체 경계境界에
부동不動한 이 마음을 태산같이 써 나가세.

다시 할 말 있사오니
돌장승이 아이 낳으면 그 때에 말하리라.

넷.

고봉古峯이 법좌法座에 올라 이른다.

"불교공부는 자성自性을 관조觀照하는 것으로써 으뜸을 삼는다. 나머지 방편은 다음 근기根機를 위한 방편이니라."

다섯.

고봉古峯이 법좌法座에 올라 이른다.

"도道는 인생人生을 귀귀貴하게 하는 것이다. 세상을 살아가는 가운데서 끊어지지 않게 하여야 한다."

여섯.

고봉古峯이 법좌法座에 올라 이른다.

"사람의 마음은 둘이 아니다. 둘 아닌 가운데서 둘을 내어 살고 있기 때문에 한 생각이 돌아지면 진실로 본래의 고향에 돌아가게 되어 있다. 삼독三毒을 돌려 삼취정계三聚淨戒를 이루고, 육식六識을 돌리면 육신통六神通을 얻고, 번뇌煩惱를 돌리면 보리菩提가 되고, 무명無名을 돌리면 대지혜大智慧가 되느니라."

일곱.

고봉古峯이 법좌法座에 올라 이른다.

"태양은 구름이 낀다고 없어지는 것이 아니다. 또한 구름이 벗겨졌다고 해서 새삼스럽게 태양이 나타난 것도 아니다. 금강반야金剛般若는 생사거래生死去來와 관계없이 시간時間과 공간空間 속에 광명光明을 발한다. 대중은 보느냐? 보지 못하느냐? 본다고 할지라도 삼십 방棒이요, 보지 못한다고 할지라도 삼십 방棒이다. 자 어떻게 할 것인가? (良久하고 이른다) 육육은 삼십육이니라."

혜월慧月, 용성龍城, 만공滿空스님이 한 자리에 모였다. 이때 보월寶月과 고봉古峯이 함께 하였다.

용성선사龍城禪師가 말하였다.
"옛날 부처님께서 안수정등岸樹井藤에 관한 설법을 하셨는데, 여러분은 어떻게 생각하시오?"

혜월慧月스님이 말했다.
"알래야 알 수 없다."

만공滿空스님이 말했다.
"간밤의 꿈속 일이다."

보월寶月이 말했다.
"어찌 우물일 것인가?"

고봉古峯이 말했다.
"아야! 아야!"

금오金烏의 법명은 태전太田이며 보월寶月의 문인이다, 어느 날, 고봉古峯스님이 법당法堂에 올라가려 하는데, 금오金烏가 갑자기 고봉古峯스님의 옷자락을 잡으며 말했다.

"올라가기 전에 한 마디 이르고 가시오."

고봉古峯스님이 말했다.
"놔라! 놔!"

뒷날, 향곡香谷이 문인 진제眞際에게 이 일을 물었다.
"자네 같으면 어떻게 했겠느냐?"

진제眞際가 답했다.
"억!"

향곡香谷이 말했다.
"자네가 정말 그렇다면 만인萬人을 눈 멀게 할 것이다."

어느 날, 향곡香谷이 누더기 승복을 깁고 있을 제, 고봉古峯스님이 물었다.

"바느질은 어떻게 하는고?"
향곡香谷이 바늘로 고봉古峯스님의 다리를 찔렀다. 고봉스님이 "아야! 아야!" 하니, 향곡香谷이 다시한번 찔렀다.
고봉古峯스님이 껄껄 웃으며 말했다.

"그 녀석! 바느질을 잘하는구나!"

(이후 향곡香谷을 허여許與한 게偈가 있으나, 뒷사람의 기억이 흐릿하여 여기에 적지 아니한다.)

서울의 탑골선원에서 고봉스님이 제자들에게 물었다.

"쥐가 고양이밥을 먹으니 밥그릇이 깨어졌다. 이것이 무슨 뜻인고?"

세등스님이 "아이고! 아이고!" 하였다.

고봉스님이 말했다.

"고양이가 조상祖上이냐? 쥐가 조상祖上이냐?"

세등스님이 말이 없었다.

뒷날, 모거사某居士가 말했다.

"쥐와 고양이가 모두 죽어 다비茶毘해 마쳤다."

16

춘성선사
春城禪師
1891-1977

◉ 약적 略跡

1891년,

춘성선사春城禪師는 강원도 인제군 원통圓通에서 출생出生.

1903년 13세,

한용운韓龍雲스님이 은사恩師. 법명法名과 법호法號가 춘성春城.

1913년부터,

도봉산道峯山 망월사望月寺, 용성선사의 문하에서 20여 년간 정진.
1940년 용성선사 입적 후, 만공스님 회상에 가서 수행.

1940년 50세, 덕숭산 정혜사 만공선사를 모시고 6년간 정진.
만공스님이 입멸하자 다시 망월사로 돌아가다. 만공스님의 사진을
걸어놓고 선친先親을 대하듯 하다. "이 세상에 저런 어른은 다시 없
다." 하며 추모하였다. 꿈에서 만공스님을 자주 만났다고 하다.
　평소에 검소하여 음식은 "중은 김치와 장도 과분하다."고 하여

과일이나 간식은 먹지 않았다. 밥을 물에 말아서 신 김치 국물로 반찬을 삼았다. 망월사 뒷산에 송이버섯이 많이 나왔으나, 춘성은 송이를 입에 대지 않았다. 춘성스님은 잠잘 때 이불을 덮지 않고 항상 방석으로 배를 가렸다. 초저녁에 한두 시간 정도 살풋 잠들었다가 깨어나면, 밤새 좌선과 경행을 쉬지 않고 날을 샜다. 노년老年이 되어서도 대중과 같이 생활하므로 따로 방房이 없었다. 시봉侍奉을 두지 않고, 옷은 입은 옷과 갈아입을 옷뿐이었다.

만년에 춘성스님은 절에서도 승복을 입지 않을 때가 많았다. 신도가 해준 양복을 입었는데, 중절모에 나비넥타이를 매고, 서울의 다방에서 지인知人을 만나 커피를 마시기도 했다. 새 양복은 헐벗은 걸인에게 벗어주고, 헌 옷을 입고 돌아오곤 하였다.

1974년

칠보사七寶寺에서 백봉거사白峰居士가 두 달간 설법을 하였는데, 춘성스님은 자신을 드러내지 않은 채, 양복을 입고 맨 뒷자리에 앉아서 하루도 빠지지 않고 들었다. 마지막 설법 날, 일어서서 손뼉을 크게 치며 백봉거사에게 반배 하고 떠났다. 말은 하지 않았다.

춘성스님은 성격이 소탈하여 가끔 필요한 경우에는 욕질도 서슴치 않아서, 욕쟁이 춘성이라는 별명이 있었다. 평생 돈에는 관심이 없었으며, 누가 돈을 주면 받아두었다가, 필요한 사람을 보면 꺼내 주었다. 춘성은. 삼매三昧가 깊었다.

1977년, 벽을 보고 앉아서 입적入寂하다.

(춘성화상春城和尙의 기행奇行과 일화逸話와 법거래法去來가 다수 있으나, 구전口傳이라 옮기지 아니한다.)

춘성화상春城和尙의 19세 때였다. 스승인 만해萬海 한용운韓龍雲 스님을 찾아 설악산雪嶽山 백담사白潭寺에 갔다. 긴 가뭄 끝에 폭우가 시원하게 내린 날이었다. 한용운스승은 백담사 골방에서 집필執筆에 몰두하고 있었다. 춘성春城은 한용운스님을 보고 말한다.

"이 좋은 날에 방안에 쳐 박혀 무얼 하십니까."

그리고 옷을 몽땅 벗은 채, 덩실덩실 춤을 추었다.

춘성春城스님이 강화도江華島 보문사普門寺에 있을 때, 그를 찾아 온 대통령大統領의 부인 육영수씨가 법문法問을 청하자,

"입 한 번 맞추면, 법문을 해주지."

라고 했다. 육여사陸女史가 금일봉을 보시報施하자 스님은 습관대로, 저고리 윗주머니에 받아 넣었다. 육여사 일행이 떠나자, 스님은 법당法堂 공사를 하던 일꾼들에게 금일봉을 꺼내 주면서 말했다.

"불사佛事하느라 수고들 많구만. 배 불리 한번 먹게나."

　1927년 초여름날, 서울 중앙선원中央禪院 조실스님인 학명선사鶴鳴禪師의 발의로 학명鶴鳴 춘성春城 동광東侊 세 스님이 같이 한강철교漢江鐵橋로 산책를 나갔다. 동광東侊, 춘성春城, 학명鶴鳴 순으로 가다가, 춘성春城스님이 조실스님께 말하였다.

　"이 한강 철교에 운무雲霧가 꽉 끼어서 소를 잃어 버렸는데, 어찌해야 그 소를 찾겠습니까?"

　학명鶴鳴선사가 답한다.
　"땅을 인因해 꺼꾸러진 사람은, 땅을 인因하여야 일어나느니라."

　춘성스님이 동광東侊스님을 부르며 말한다.
　"여기 법문 났소!"

　동광東侊이 모르는 척 하며 도로 묻는다.
　"무슨 법문이요?"

　춘성春城이 말한다.
　"여기 한강 철교에 운무雲霧가 꽉 끼어서 소를 잃어 버렸는데, 어찌해야 소를 찾겠소?"

　동광東侊이 걸음을 멈추고 돌아서서, 춘성의 코를 잡아 비틀며 큰 소리로 말한다.
　"이랴! 이놈의 소야!"

　동광東侊이 달아났다. 춘성春城이 코를 감싸면서 말한다.

"아-야! 아-야!"

춘성春城이 코의 통증이 지나자, 동광東侊을 향해 말한다.

"이, 소 찾은 놈아!"

동광東侊이 웃으며 말하였다.

"이 놈의 소야! 와 부르노?"

제2화 포수와 사자

춘성화상春城和尙이 망월사望月寺에서 정일스님의 천일기도 회
향일에 모인 전강田岡·향곡香谷·성철性徹스님과 산신각山神閣으
로 올라가다가, 스님들을 보고 물었다.

"이 때 한 마리의 사자獅子를 만나면, 어찌하겠는가?"

전강스님이 땅 파는 시늉을 했고, 향곡스님은, 사자獅子의 시늉
을 했으며 성철스님은 말이 없었다. 그 후에 춘성화상春城和尙이
동광화상東侊和尙에게 묻는다.

"내가 전강田岡 향곡香谷 성철性徹스님을 보고 「산중에서 한 마리의
사자獅子를 만났을 때, 어찌 하겠는가?」 하였는데, 동광스님은 그 때
에 어찌 하겠소?"

동광화상東侊和尙이 총 쏘는 시늉을 하며 "탕!" 하니, 춘성화상
春城和尙이 "옳다!" 하였다.

동광화상東侊和尙이 말한다.

"이때 사자獅子가 포수砲手의 수단을 보려면 어떻게 해야 되겠소?

또, 만약에 포수가 총도 칼도 없을 땐 어찌 해야 되겠소?"

춘성春城스님이 대답이 없었다.

안국동安國洞 선학원禪學院에서 저녁 방선放禪 후, 춘성화상春城和尙이 옆의 설봉화상雪峰和尙에게 말하였다.

"어느 학인學人이 해제解制하고 성철性徹스님을 찾아갔더니, 스님이 학인을 즉시 몽둥이로 쳤다. 그 학인이 며칠 후 떠나는 인사를 하러 다시 갔더니, 성철이 학인을 또 몽둥이로 쳤다. 학인이 몽둥이를 맞고서, 상주尙州 갑장사甲長寺에 와서는 금봉錦峰스님께 이 내용을 이야기했다. 그 후 성철스님이 상주 갑장사에 들렸는데, 금봉錦峰스님이 그 학인의 일을 들어서 묻기를, 『만약 내가 그 때에 매를 맞고, "아야! 아야!" 한다면, 어떻게 할 것이냐?』하였다. 성철스님이 아무런 대구(對句)도 없이 그냥 떠나가 버렸다. 만약 자네(雪峰)가 성철이라면, 금봉錦峰이 "아야! 아야!" 할 때 어찌할 테냐?"

설봉화상雪峰和尙이 즉시 목침木枕으로 춘성화상春城和尙을 쳤다. 춘성화상春城和尙이 웃으며 응대應對하였다.

"씨부랄 놈!"

1969년 춘성화상春城和尙이 부산 금정산金井山 금정사金井寺에서

여름 안거安居를 마치고 걸망을 메고 나오는데, 설봉화상雪峰和尙이 뒤 따라 나오면서 여비旅費를 주자, 춘성스님이 받으면서 설봉스님을 보고 말한다.

"우리 작별시作別詩 하나 지읍시다."

설봉雪峰스님이 응락하면서, 느닷없이 주먹으로 춘성春城스님의 옆구리를 콱! 내질렀다. 춘성春城스님이 즉시, 손바닥으로 설봉雪峰스님의 뺨을 쳤다.

뒤에 동광화상東侊和尙이 평한다.

"작별시作別詩가 잘 되었오."

춘성화상春城和尙이 동광화상東侊和尙에게 묻는다.

"어떤 거지가 길을 가다가 논에 세워 둔 허수아비의 옷을 벗겨 입으니, 그 옆에 있던 사람이 말하되 「옷을 벗겨 입으면, 저 허수아비는 어찌 하라고?」했다고 한다. 동광스님은 그 때를 당하면 어찌하겠소?" (영산스님의 일화이다.)

동광화상東侊和尙이 묻는 춘성스님의 어깨에, 방에 있던 걸레를 걸쳐주면서 "옛다! 그렇게 애착愛着이 되는가?" 하고는, 동광화상東侊和尙이 다시 춘성스님에게 묻는다.

"스님은 어찌하겠소?"

춘성화상春城和尙이 방에 있던 방석을, 동광화상東侊和尙의 어깨에다 걸쳐 주었다.

(영산스님의 허세비일화를 빌려 법거래한 것이다.)

춘성화상春城和尙이 동광화상東侊和尙에게 말했다.

"예전에 용성선사龍城禪師가 도봉산 망월사望月寺 선방禪房에 조실祖室로 계실 때, 하루는 법상에 올라서 대중에게 능엄경의 53종 변마사變魔事 설법을 마치고 막 법상法床에서 내려오려는데, 대중 가운데서 어떤 선객禪客이 벌떡 일어나 용성선사龍城禪師에게 묻되「스님은 어떤 마魔에 속합니까?」하니, 용성선사龍城禪師가 대답을 못하고 얼굴이 붉어지고 말았소. 그것을 본 나는 그만 낙심落心되어, 용성龍城스님의 회상을 떠나서 만공滿空스님 회상으로 갔소, 만약 동광東侊스님 같으면 그 때 어찌 하겠소?"

동광화상東侊和尙이 답한다.

"묻는 사람의 모가지를 콱! 붙잡아 앉히면서, "악!" 일할一喝하고「차후此後에는 부득재범不得再犯이라. (이후로 다시 범하지 못하니라!)」하겠소."

춘성화상春城和尙이 고개를 끄덕였다.

그러나 이 일화에 대하여 대인화상大仁和尙(1930-2012)의 전술傳述은 다른 데가 있다. 아래에 옮긴다.

용성선사龍城禪師가 도봉산 망월사望月寺에서 능엄경의 53종변마사變魔事 설법을 마치고 막 법상法床에서 내려오려는데, 어떤 선객禪客이 벌떡 일어나 용성선사龍城禪師에게 물었다.

"스님은 어떤 마魔에 속합니까?"

용성선사龍城禪師가 그 선객을 물끄러미 바라보다가, 다가가서 불자拂子를 세우며 말했다.

"어디서 마구니를 보았는가?"

그 선객이 말이 없자, 용성선사龍城禪師가 다시 말했다.

"이심즉무육진경계離心則無六塵境界니라. 억!"

대인화상大仁和尙에 의하면 당시에 법당이 어수선하여 춘성화상春城和尙이 뒷 수작手作을 보지 못하고 밖으로 나갔다고 한다. 춘성春城의 기억으로 용성선사龍城禪師에게 허물을 남기는 것은 뒷사람의 귀와 눈을 흐리게 하는 것이라 바로잡는다.

춘성화상春城和尙은 1940년 용성화상 입적 후, 만공滿空스님에게 가서 배우다가 1946년 만공滿空스님 입멸入滅 후, 망월사望月寺로 돌아오다.

17

철우태주
鐵牛太柱
1895-1979

● **약적 略跡**

밀양 표충사表忠寺 정암正庵화상을 은사로 득도.

표충사 호산湖山화상에게서 사집과四集科 수료.

옥천사 성응性應화상에게서 사교과四敎科 수료.

선암사仙巖寺 진응震應화상에게서 대교과大敎科 수료.

1895년 밀양 가곡리에서 출생

1902-1908 금서서당(盧在永先生)에서 한학漢學 수학.

1908년 13세, 스스로 표충사에 입산入山.

1909년 14세, 해인사 태실선원 안거. 통도사 경봉鏡峰스님과 함께 해인사 선방에 가다. 이후 25하안거夏安居.

1913년 18세,
태백산太白山 각화사覺華寺 동암東庵에서 지견知見이 열려 게偈를

204 선객 禪客

읊다.

心月孤圓萬古靈 심월고원만고영
光含天地照無窮 광함천지조무궁
若能識得箇中意 약능식득개중의
塵塵刹刹極樂宮 진진찰찰극락궁

심월心月이 고원孤圓하여 만고에 신령神靈하나니
신광神光은 천지를 싸고 무궁無窮히 비추누나.
만약 이 가운데의 뜻을 요득了得할진대
진진찰찰塵塵刹刹이 극락궁極樂宮이니라.

1914년 통도사 선방禪房, 지리산 칠불선원七佛禪院.

1916년 현풍 유가사瑜伽寺 도성암道成庵에 입방入房. 이후 십년간
생식生食, 묵언병행默言並行.

1918년 오대산五臺山 상원사上元寺에서 수행.

1919년 풍악산楓嶽山 마하연摩訶衍에서 수행.

1920년 25세,
평안도 묘향산妙香山 금선대金仙臺에서 홀연히 개오開悟하여 읊다.

吾道本虛靈 오도본허령
千古云叮寧 천고운정령
萬山杜宇夢 만산두우몽
忽罷一枝靑 홀파일지청

나의 도道는 본래 허령虛靈이라

불조佛祖께서 정녕히 이르셨네!
만산萬山이 두견이의 꿈속이라
홀연히 꿈 깨니 일지一枝가 푸르고녀.

이때 금강산 마하연摩訶衍에서 온 경허선사鏡虛禪師의 맏제자
수월水月스님에게 게偈를 올렸다. 그리고 이러저러히 모지모현某
指某顯의 점검을 받았다. 수월水月스님이 "공부를 잘 지었다." 하
며 등을 두드리고 견처見處를 허여許與하고 인가認可하였다.

어느 날, 수월水月스님이 "이제는 여기에 머물지 말고 남방南方
으로 내려가 납자衲子들을 제접하라." 하였다. 철우鐵牛가 걸망을
지고 일주문一柱門을 나설 제, 수월水月스님은 감자밭을 메고 있
었다. 철우가 앞에 가서 예禮를 올리고 물었다.

"남방에 가서 중생교화衆生敎化를 어떻게 할까요?"

수월水月스님이 밭 메던 호미를 들고 일어나서, 감자밭 가운데
서 한 바퀴 돌더니 두 팔을 벌리고 춤을 추며 "여시여시如是如是
하라!"고 하였다.

철우鐵牛도 밭에 있던 호미를 쥐고 수월水月스님처럼 한 바퀴
돌고서 두 팔을 벌려 춤추며 "여시여시如是如是 하겠습니다." 하였
다. 스승과 제자가 무정無情의 도道에 합한 소식消息을 한 사위의
무애무無碍舞로써 드러낸 것이다. 수월水月스님은 철우鐵牛의 손
을 잡고서 "다시 의심할 것 없다." 하며 남은 세진細塵을 지워주
었다. 철우鐵牛는 경허문하 지혜제일智慧第一의 부산 선암사 혜월
慧月스님의 회상會上을 향했다.

1920년 25세 가을,

무심도인無心道人 혜월선사慧月禪師 회상會上에 가다.

철우鐵牛는 개오송開悟頌과 수월水月선사와의 법거량 등의 일을 혜월선사慧月禪師에게 소상히 말하고, 혜월慧月의 모지모현某指某顯의 점검을 받는다. 혜월慧月이 철우鐵牛의 견처見處가 밝음을 보고 기뻐하며 흔연히 인가認可하였다. 이때 혜월慧月이 철우鐵牛의 당호堂號를 주었다. 철우鐵牛의 법명은 태주太柱이다. 혜월선사慧月禪師가 철우화상鐵牛和尙에게 전법게傳法偈를 주었다.

一切有爲法 일체유위법
本無眞實性 본무진실성
於相若無相 어상약무상
卽名爲見性 즉명위견성
(世尊應化 2947年 3月11日 慧月, 爲鐵牛)

일체의 유위법有爲法은
본래로 진실한 성품이 없나니,
마음을 나툼에 모습이 없으면
이름하여 견성見性이니라.

철우화상鐵牛和尙은 수월水月과 혜월慧月, 두 선사禪師에게서 유일唯一하게 인가認可를 득한 선객禪客이 된 것이다. 이후 선암사 혜월선사慧月禪師 문하에서 보림保任하다.

1922년 27세,

통도사通道寺에서 혜월선사慧月禪師로부터 선종대선사禪宗大禪師 법계를 품수하다.

어느 날, 통영 용화사龍華寺 도솔암兜率庵에서 혜월선사慧月禪師를 조실祖室로 모시고자 조실청장祖室請狀을 가지고 선암사에 왔다. 혜월선사慧月禪師는 선암사 대중 운봉雲峯, 운암雲巖 등 사십여 명과 혜월선사慧月禪師를 모시러 온 스님들을 모으고, 조실청장祖室請狀을 철우화상鐵牛和尙 앞에 놓으라 하고는 도솔암 스님으로 하여금 철우화상鐵牛和尙에게 삼배를 올리라 하였다. 이로써 철우화상鐵牛和尙은 27세에 도솔암兜率庵의 조실祖室이 되었다.

1924년 29세, 이후,
대구 동화사桐華寺 금당金堂 조실.
파계사把溪寺 성전聖殿 조실.
금강산金剛山 마하연摩訶衍 조실.
순천順天 선암사仙巖寺 칠전선원 조실 등등.

1928년경
선암사에서 혜월선사를 모시고 있을 때, 북방에서 소식이 왔다. 어떤 행각승이 1904년 소식을 감춘 경허선사의 산소를 찾았다는 연락을 해왔다. 혜월선사는 철우를 앞세우고 다른 스님 몇 분과 수덕사의 만공滿空스님과 함께 갑산甲山으로 가서 경허鏡虛선사의 유골을 수습하여 화장하였다. 철우화상에 의하면 경허선사의 뼈는 장대한 황골黃骨이었다고 한다. 혜월선사는 장례 중에 조용히 눈물을 흘렸다고 한다. 철우는 혜월선사의 눈물을 처음 보았다고 한다.(正愚和尙 口述)

1930년

통도사 화엄산림법회에 법사로 초청받은 혜월선사가 갑자기 철우화상을 법좌로 올라가게 하였다. 설법이 끝난 후, 혜월선사가 선재善哉! 선재善哉!라 하며 화안히 웃었다.

1931년

한암스님이 필사본 경허집鏡虛集을 완성하였다는 소식을 듣다.

1933년

정혜사 조실방에서 어떤 중이 만공화상滿空和尙을 위에서 누르며 이러이러한즉 인가해달라며 겁박하고 있었다. 이때 철우화상이 들어가 견처見處를 점검하고 꾸짖어 내쫓았다. (여기에 그 중의 법명은 밝히지 아니한다)

1938년

만공滿空스님이 경허선사鏡虛禪師의 묵적墨跡을 수습하여 만해萬海에게 편집을 맡겼다는 소식을 듣다.

1946년-1977년,

통도사, 범어사, 동화사 및 곳곳에서 법을 설하다. 설법을 청하면 거절하지 않았다. 설성說聲은 대중을 청량하게 하였고, 설법의 내용은 언제나 우뚝한 선지禪旨를 종횡縱橫으로 나투어 대중을 올곧게 이끌었다. 혼자 있을 때는 언제나 좌선하여 깊은 삼매三昧에 들었다. 때때로 경經을 열람하였다. 성품은 온화하였으며 늘 미소를 띠었다.

1979년

구미 금강사金剛寺에서 입적入寂. 황악산黃嶽山 직지사直指寺에서
전국선원장을 지내다. 영결식 때, 세 번의 오색광명五色光明을 보
이다.

⊙ **낙어 落語**

하나.

구미 금강사(1963)에서 문인들에게 말하였다.

"상근기上根機는 언하言下에 바로 알고 깨친다. 중근기中根機를 위해
구자무불성狗子無佛性이니 정전백수자庭前栢樹子, 판치생모板齒生毛와
건시궐乾屎橛 같은 화두話頭가 필요한 것이다."

둘,

상주 남장사(1973)에서 문인門人 정우正愚에게 말하였다.

"행주좌와어묵동정行住坐臥語默動靜을 여의고 일러 보아라."

정우正愚가 묵묵默默하자, 철우화상鐵牛和尙이 일어나 밖으로 나
갔다.

하나,

철우화상鐵牛和尙이 금강산金剛山 신계사新溪寺에서 참선參禪할 때의 일이다. 설봉雪峰1890-1969스님이 신계사에 입산하였다.

신계사新溪寺에는 선방대중이 삼십여 명 살았는데, 설봉스님이 철우화상에게 "중이 되고자하는데 누구를 스승으로 하는 것이 좋소?" 함에 철우화상이 "스님들 가운데 제일 마음에 흔연한 스님이 있으면, 그 앞에 가서 절을 하고 은사恩師로 모시면 되오."라 일러 주었다.

얼마 후 사시공양巳時供養 때, 대중스님이 모두 모이자 설봉스님이 철우화상 앞에 와서 절을 세 번 올리고 은사恩師로 모시겠다고 하였다. 철우화상은 설봉스님의 나이가 오세五歲 위라 스승 되기를 사양하였다. 설봉스님은 하는 수 없이 다른 스님을 스승으로 정하게 되었다.

그 이후 설봉스님은 철우화상이 옆에 있으면 상당법문을 철우화상에게 늘 양보하였다. 설봉스님은 선지禪旨와 학문學問이 빼어난 분인데도 철우화상을 존경하여 스승의 예禮를 갖추었다. 설봉스님은 육이오 피난통에 직지사直指寺 아래 여관의 마당을 쓸다가 어떤 경찰의 "거기 아무도 없오?"라는 물음에 무자화두無字話頭의 의지意旨가 드러나 문득 개오開悟하였다. 그 뒤로 혜慧가 청명晴明한 가을하늘처럼 맑아져 경론經論과 염송拈頌 등에 무불통지無不通知였다고 한다.

둘,

부산 금정산 금정사(1962)에 춘성春城, 설봉雪峰, 홍경弘經, 청담靑潭, 석주石柱, 자운紫雲 등의 스님이 모였다. 당시 금정사金井寺는 비구정화운동의 본산이다. 여러 스님들이 철우화상鐵牛和尙을 청하여 유마경維摩經 불이법문품不二法問品의 법문을 들었다. 이때 설봉雪峰스님은 법문 내내 서서 들었다. 설봉스님은 견처見處가 밝아 선문염송禪門拈頌의 현토懸吐를 처음으로 온전하게 하였으며, 전강田岡과 춘성春城 등이 설봉雪峰의 선지禪旨에 어깨를 나란히 할 뿐, 다른 스님네들은 설봉雪峰의 옆자리하기를 어려워하였던 터였다.

홍경弘經스님이 설봉雪峰스님에게 물었다.

"어찌하여 서서 법문을 듣소?"

설봉雪峰스님이 답하였다.

"철우화상鐵牛和尙의 설법은 군더더기가 없소. 허공에서 곧바로 설하지 않소. 철우화상은 나의 스승 격이오."

설봉스님은 철우화상보다 오세五歲 위이다.

● **선문답 禪問答**

제1화

묘향산妙香山 금선대金仙臺에서 수월水月스님이 감자밭을 메고 있을 제, 철우화상이 앞에 가서 예禮를 올리고 물었다.

"남방에 가서 중생교화衆生教化를 어떻게 할까요?"

수월水月스님이 밭 메던 호미를 들고 일어나서, 감자밭 가운데서 한 바퀴 돌더니 두 팔을 벌리고 춤을 추며 말했다.

"여시여시如是如是하라!"

철우鐵牛도 밭에 있던 호미를 쥐고 수월水月스님처럼 한 바퀴 돌고서 두 팔을 벌려 춤추며 답했다.

"여시여시如是如是 하겠습니다."

수월水月스님이 말했다.

"다만 그러하고 그러하다."

수월水月스님이 다시 철우鐵牛의 손을 잡고서 말했다.

"다시 의심할 것 없다."

철우鐵牛는 경허문하鏡虛門下 지혜제일智慧第一의 부산 선암사仙巖寺 혜월慧月스님의 회상會上을 향했다.

어느 날, 묘관음사妙觀音寺 향곡香谷스님을 찾았다. 향곡은 운봉雲峯스님의 제자요, 운봉雲峯스님은 철우화상의 사형師兄이다. 향곡香谷이 물었다.

"삼세제불三世諸佛의 정안正眼이 어떠합니까?"

철우화상이 향곡의 눈을 가리키며 "알겠는가?" 하였다.

향곡香谷이 말한다.

"비록 그렇더라도 바르다고 할 수 없습니다."

철우화상鐵牛和尙이 이른다.

"목우木牛는 불을 이기지 못하고, 니우泥牛는 물을 건너지 못하며, 철우鐵牛는 용광로를 이기지 못한다. 어느 곳에서 철우(和尙 自身을 가리킴)를 보았는가?"

향곡香谷이 두 눈을 가렸다.

뒷날 철우화상鐵牛和尙이 말했다.

"향곡이 언간(넉넉)하다."

1930년 통도사 화엄산림법회에 법사로 초청받은 혜월선사慧月禪師가 갑자기 철우화상을 법좌로 올라가게 하였다. 설법이 끝난 후, 혜월선사慧月禪師가 선재善哉! 선재善哉!라 하며 화안히 웃었다. 그리고 혜월선사慧月禪師가 말했다.

"오늘의 법문法問이 어디로 갔는가?"

철우가 답했다.

"무거무래역무주無去無來亦無住!"

혜월선사慧月禪師가 웃었다.

1938년경 정혜사 조실방에서 어떤 중이 만공화상滿空和尙을 위

에서 누르며, 이러이러한즉 인가해달라며 겁박하고 있었다. 이때 철우화상이 들어가 그 중에게 말했다.

"어묵동정語默動靜을 여의고 일러라."

그 중이 말이 없자, 철우화상이 꾸짖고 엉덩이를 걷어차 내쫓았다.(여기에 그 중의 법명은 밝히지 아니한다)

만공화상滿空和尙이 웃으며 말했다.

"바람이 거치니 온갖 풀이 춤추누나!"

금오태전
金烏太田
1896-1968

18

● 약적 略跡

1896년 강진에서 생, 법명法名은 태전太田, 법호法號는 금오金烏,

1911년 금강산 마하연사摩訶衍寺에서 도암화상에게 출가.

1923년 예산 보덕사에서 보월寶月스님 회상에서 공부. 측지測知,

1924년 스승 보월이 40세로 입적.

1929년 수덕사에서 보월晋月스님(1884-1924)에게 건당建憧.

1936년 만공화상이 은전恩傳의 전법게를 내리다.
직지사直指寺 선원조실禪院祖室.
이후 석왕사釋王寺, 쌍계사雙溪寺, 칠불선원七佛禪院 조실.

1954년 정화불사淨化佛事에 앞장.

1967년 법주사法住寺 조실祖室.

1968년 속리산俗離山에서 입적入寂.
향년享年 73세, 법랍法臘 56.

전남全南 강진에서 태어난 금오金烏는 16세에 도道를 구하겠다며 금강산金剛山으로 떠났다. 걸어서 석 달 열흘 만에 도착한 마하연사摩訶衍寺. 도암화상은 여우보다는 미련한 곰이 되겠다는 금오의 뜻을 보고 '이 뭣고' 화두를 주고 수행지도. 수행정진하기 10여 년. 28세에 측지개안測知開眼.

이후 금오金烏는 예산 보덕사로 가서 만공滿空의 수제자 보월화상寶月和尙의 제자가 되다. 보월화상寶月和尙은 30대의 조실祖室로서 납자를 맞이하고 있었다. 그러나 보월화상寶月和尙은 1924년 40세에 홀연히 몸을 벗었다. 금오金烏가 길을 떠나 다시 구도행각求道行脚을 하다가 화두話頭를 타파打破하자, 만공滿空이 금오金烏를 불러 전법게傳法偈를 내리고, 금오金烏가 보월寶月의 법을 이은 법제자法弟子임을 허락했다. 1936년이다. 이 해, 혜월선사는 입적하고, 만공은 노환으로 퇴실하다.

금오金烏는 지견知見이 열린 뒤에도 좌선坐禪을 열심히 하였다. 힘이 장사요, 목소리는 우렁찼다. 서울에서 걸인들 틈에서 사는 만행을 하는가 하면 전주에선 밭가에 움막을 지어놓은 채 탁발을 하며 살았다. 또한 만주의 수월음관선사水月音觀禪師를 찾아가 1년 간 모시며 정진精進하였다.

금오金烏는 지리산 칠불암七佛庵에서 7~8명의 대중이 모이자 '정진하다 죽어도 좋다'는 서약을 쓰게 한 뒤 용맹정진勇猛精進에 들어갔다. 용맹정진이란 잠을 자지 않는 수행이다.

금오金烏의 언행言行은 순진무구純眞無垢하였다. 금오金烏스님이 있는 곳은 결제기간이든 아니든 언제나 선방禪房이 되었다.

● 선문답 禪問答

동광화상東侊和尙이 금오화상金烏和尙에게 물었다.

"말의 일이 오지 않았는데 나귀의 일이 간다." 는 뜻이 무엇이오?"

금오화상金烏和尙이 답하였다.

"석왕사釋王寺에서 여기까지 왔소."

19

전강영신
田岡永信
1898-1975

● 약적 略跡

1898년, 전강화상田岡和尚은 전남 곡성谷城에서 생.

1913년 16세,
조실부모早失父母하고, 해인사海印寺에서 인공화상人空和尚을 은사로 득도.

1916년 19세,
김천金泉 직지사直指寺의 제산霽山스님 회상에서 불철주야不徹晝夜로 용맹정진勇猛精進, 참선參禪 중에 상기上氣로 피를 토하고 건강健康을 잃었으나 계속해서 수행하다. 해인강원海印講院에서 대교과大敎科를 수료.

1920년 23세, 보덕사普德寺의 만공滿空스님을 찾아가다.

　만공 『어떤 물건이 이렇게 왔는고?』

전강 다시 예배禮拜 하였다.

만공 『어떤 물건이 이렇게 왔는고?』

전강 주먹을 내 밀어 보였다.(示拳頭)

만공 『아니다』

전강 『옳습니다』

만공 『아니다. 다시 화두話頭를 들어라』

전강田岡은 만공滿空의 회상會上에서 용맹정진勇猛精進하다.

1922년 25세,

수덕사修德寺 금선대金仙臺에 계신 만공스님을 뵈었더니 만공스님
이 묻는다.

"부처님은 계명성啟明星을 보고 오도悟道했다는 데, 저 하늘에 가득
한 별 중 어느 것이 자네의 별인가?"

전강田岡이 엎드려서 땅을 더듬는 시늉을 하니 만공스님이

"선재善哉 선재善哉라." 하며 인가하고, 전법게傳法偈를 주다.

불조佛祖가 못 전한 것을

나 또한 얻음 없네.

금일 가을빛은 저무는데,

홀연 뒷산의 원숭이 울음 듣누나.

그 후 당시의 대선지식大善知識이신 혜월慧月, 용성龍城, 만공滿
空, 한암漢岩 등의 스님들을 참방하고 법거래法去來를 하다.

1930년 33세, 통도사通度寺 조실祖室을 지내고, 범어사梵魚寺 조실 등 전국의 여러 선원禪院의 조실을 역임.

1975년 1월 13일. 77세에 입적. 법랍은 61세.

인천 용화사 법보선원에서 천도법문을 마친 전강스님은 점심공양을 드시고 나서, 다시 법상에 올라 반듯이 앉았다. 법당을 둘러보면서 스님이 말하였다.

"무엇이 생사대사生死大事인고?"

대중은 답이 없었다. 법당法堂은 조용하였다. 스님의 이상한 기색을 본 제자 둘이 법상法床 근처에 다가섰다.

"억!"

전강田岡스님은 큰소리로 할喝을 하고 말을 하였다.

"구구九九는 거꾸로 일러도 팔십일八十一이니라."

그리고 조용히 눈을 감았다. 전강스님의 마지막 법문이었다.

이때가 1975년 1월 13일 오후 2시이다. 16세에 출가하여, 77세에 입적하였으니, 법랍은 61세.

● **일화 逸話**

제1화

덕숭산悳崇山 정혜사定慧寺에서 영신永信은 아주 편안한 마음으로 무자화두無字話頭를 들고 있었는데, 옆에 있던 스님이 혼잣소리로 게송偈頌을 외우는데, "눈은 하늘과 땅을 덮고, 입은 부처님

전강영신 田岡永信 221

과 조사를 삼켰도다! 眼蓋乾坤이요, 口呑佛祖라!"라는 구절이 귀에
들려오는 것이었다.

영신永信은 한 달음에 보월寶月스님에게 달려갔다. 보월스님은
호통을 쳐 쫓아내었다. 그 뒤 영신수좌永信首座는 다시 운수행각
雲水行脚에 나섰다. 정혜사를 떠나 곡성谷城의 태안사泰安寺를 향
했다. 개울이 있어서 징검다리를 건느게 되었는데, 바로 그때 그
동안 일구월심으로 들고 있던 무자화두無字話頭가 홀연히 사라지
며 조사祖師의 선화禪話가 떠올랐다.

"구름과 안개가 잔뜩 끼어서 소를 잃었으니, 어떻게 하면 소를 찾겠
는고?"
"구름과 안개가 벗어지면, 그때 소를 찾으면 됩니다."
"틀렸다. 그러면 이번에는 네가 나한테 물어보아라."
"그럼 제가 묻겠습니다. 구름과 안개가 잔뜩 끼어서 소를 잃었으니,
어떻게 하면 소를 찾겠습니까?"
"담 넘어가서 외를 따오너라."

무자화두無字話頭는 홀연히 사라지고, '담 넘어가서 외를 따오
라'는 옛 스님의 법문이 떠오르자, 영신永信수좌가 눈이 열렸던
것이다. 개울물 위의 징검다리에 선 채, 영신을 말할 수 없는 기
쁨을 맛보았다. 영신은 태안사로 갔다. 도량道場에는 달빛이 해맑
게 내리고 누각에도 달빛이 그윽하였다. 영신永信이 읊는다.

三更明月滿樓閣 삼경명월만누각
舊家窓外蘆花秋 구가창외노화추

佛祖失身跡不知 불조실신적부지

洞谷巖水流去橋 동곡암수류거교

삼경의 달빛은 누각에 가득 차고

옛집 창 밖에는 갈대꽃 가을.

부처와 조사도 몸과 목숨을 잃었나니

산골짜기 바위ㅅ물이 다리를 지나는구나.

영신永信은 달빛 가득한 절 마당에서 기쁨에 겨워 밤새도록 달빛 속을 거닐고 있었다. 아무 생각 없이 고의춤을 풀고, 절 마당에다 오줌을 누기 시작했는데, 그때 태안사泰安寺 스님이 보고 소리를 질렀다. 오줌 누다가 보리밥 한 덩이도 못 얻어먹고, 밤중에 태안사에서 쫓겨나왔다.

제2화

내소사來蘇寺 청련암靑蓮庵의 금봉선사錦峰禪師가 어느 날 전강田岡수좌를 불러 놓고 물었다.

"상相 가운데 부처가 없고, 부처 가운데 상相이 없다고 하였으니 이 도리를 일러라."

전강田岡이 대답을 일렀는데, 금봉錦峰스님은 옳다 그르다 없이 계속 묻는지라 전강이 금봉錦峰스님에게 말하였다.

"그러면 조주스님이 신발을 머리에 이고 나간 도리를 한마디 일러 주십시오."

"그건 말이다 조주가……."

"그렇게 말씀하시면 이미 틀렸습니다. 스님! 이 도리를 스님과 제가 격외로 일러놓고 탁마해 보는 게 어떻겠습니까?"

"그래, 네가 먼저 일러 보아라."

"쥐가 고양이 밥을 먹었습니다."

"틀렸으니 다시 일러라."

"밥그릇은 깨졌습니다."

"허허허. 제법이구나. 영신田岡이가 한 소식을 시원하게 했어."

금봉錦峰스님이 전강田岡수좌를 허여許與했다.

제3화

전강田岡스님이 25세가 되어 덕숭산 금선대의 만공滿空스님을 찾아갔다. 만공스님이 전강田岡에게 말했다. "무슨 물건이 이렇게 왔는가?" 전강田岡이 곧바로 주먹을 불끈 쥐고 들어보였다. 만공滿空스님은 혀를 차며 조롱하듯 말했다.

"허! 저렇게 주제넘은 사람이 견성見性했다고 해! 네가 이게 무슨 짓이냐?"

만공스님은 그 다음부터 전강을 보기만 하면 그때 일을 들먹이면서 비웃었다. 그러다가 반 철이 지날 무렵, 홀연히 깨닫고는 다시 만공스님을 찾아갔다. 만공스님은 초안수좌로 하여금 주장자로 바닥에 동그라미 하나를 그리게 하고는 묻는다.

"들어가도 치고 들어가지 아니해도 친다.(入也打 不入也打). 어찌 하겠느냐?"

이래도 죽고 저래도 죽는다는 것이었다. 그러자 전강田岡스님은 곧 바로 대답을 해 올렸다. (대답 내용은 禪認의 祕密이라 한다.) 만공스님이 전강의 대답을 듣고 인가認可했다.

제4화

1930년경, 전강선사田岡禪師가 통도사通道寺에 갔다. 그 때, 통도사에 참선參禪하다가 법광法狂이 난 수좌首座가 한 사람 있었다. 통도사通道寺의 추산노장秋山老長이 전강田岡스님에게 "법광法狂이 난 수좌가 있으니 자네가 붙잡아 주게!" 하였다. 그 스님은 경봉(鏡峰1892-1982)이다. 경봉스님은 기품氣品이 의젓하고, 체격이 당당堂堂하며, 안광眼光이 형형燹燹하였다. 전강田岡스님과 경봉鏡峰스님이 법거래法去來 한다. 전강田岡스님이 마조馬祖의 원상圓相을 땅바닥에 그리고 말하였다.

"들어와도 때리고, 들어오지 않아도 때린다. 入也打 不入也打"

경봉鏡峰스님이 땅바닥에 그린 원상圓相을 뭉개었다. 전강田岡스님이 다시 원상圓相을 그리고 말한다.

"원상圓相을 그대로 두고 답해야 합니다."

경봉鏡峰스님이 말이 없었다. 이후, 경봉鏡峰은 용맹정진勇猛精進을 거듭, 개오開悟하여 남녁 선문禪門의 산이 되었다.

선학원禪學院에서 용성선사龍城禪師와 만공선사滿空禪師가 만났다. 용성스님이 만공스님에게 말한다.

"어묵동정語黙動靜을 여의고 이르시오."

만공스님은 양구良久를 하였다. 용성스님이 "양구良久 하시는 것인가?" 하고 물으니, 만공스님이 "아니요"라 하였다.

이 법거래法去來에 대하여 전강스님이 만공스님에게 말한다.

"두 큰 스님께서는 서로 멱살을 쥐고 흙탕에 들어간 격입니다."
만공스님이 "자네는 어떻게 하겠는가?" 하니 전강이 "스님께서 한번 물어 주십시오."

만공스님이 말한다.
"어묵동정語黙動靜을 여의고 일러라."

전강이 답한다.
"어묵동정語黙動靜을 여의고 무엇을 이르라는 말입니까!"

만공스님 말한다.
"옳다! 옳다!"

도봉산道峰山 망월사望月寺의 용성선사龍城禪師가 전국의 선지식
善知識 스님들에게 묻는다.

"등藤나무 넝쿨에 매달려 꿀을 먹던 그 사람이, 어떻게 하면 살아나
겠느냐?"

혜월慧月스님이 답한다.

"알래야 알 수 없고, 모를래야 모를 수 없나니, 念得不明이니라."

혜봉慧峰스님이 답한다.

"불불능갱작불佛不能更作佛이니라."

용성龍城스님이 자답自答한다.

"표화瓢花가 철리출徹籬出하야 와재마전상臥在痲田上이니라."

만공滿空스님이 답한다.

"작야몽중사昨夜夢中事니라."

고봉古峰스님이 답한다.

"아야. 아야."

뒤에 전강田岡스님이 답하였다.

"달다!"

전강田岡스님이 1922년 24세에 마곡사麻谷寺 아래 구암리에 사
는 혜봉慧峰스님을 배방拜訪하여 물었다.

"조주무자趙州無字의 의지意旨는 천하 선지식善知識이 반半도 이르지 못하였습니다. 혜봉慧峰스님께서 무자의지無子意旨를 반半만 일러 주십시오."

혜봉慧峰스님이 답하였다.

"무無"

전강田岡스님이 말했다.

"그것이 어찌 반半이 될 수 있겠습니까?"

혜봉慧峰스님이 "그러면 수좌首座가 일러보소. 어떻게 일렀으면 반半이 되겠는고?" 하면서 "억!" 하였다.

전강스님이 답했다.

"무無"

혜봉스님이 잠시 침묵하더니 또 물었다.

"옛 스님이 『지난 해의 가난은 가난이 아니다. 송곳 꽂을 땅이 없더니 또 금년의 가난은 참 가난이라 송곳이 없도다.』라는 법문이 있는데, 고인이 점검하기를 그것은 여래선如來禪밖에 안되니 조사선祖師禪을 일러라 하였으니, 어떤 것이 조사선인고?"

전강스님이 답하였다.

"릉각菱角은 첨첨尖尖 첨사추尖似錐라."

(물풀의 뿔이 뾰쪽 뾰쪽하여 뾰쪽함이 마치 송곳 같도다.)

전강스님이 1924년 26세에, 금강산金剛山 지장암地藏庵의 한암
선사漢岩禪師를 예방하였다. 한암漢岩스님이 전강田岡에게 묻는다.

"육조六祖스님께서 본래무일물本來無一物이라 일렀지만, 나는 본래무
일물本來無一物이라 하여도 인가印可를 못하겠으니, 자네는 어떻게
하였으면 인가印可를 받겠는고?"

전강스님이 손뼉을 세 번 치고 가 버렸다.

(拍掌三下박장삼하하고 便去편거하다.)

전강스님이 26세 1924년 가을, 서울 대각사大覺寺의 용성선사龍
城禪師를 예방하였다. 용성龍城스님이 전강스님에게 묻는다.

"여하시如何是 제일구第一句 냐?" (어떤 것이 불법의 제일구이냐?)

전강 높은 음성으로 『예?』라 응대.

용성 『여하시如何是 제일구第一句냐?』

전강 박장대소拍掌大笑 하였다.(손뼉을 치면서 크게 웃었다.)

용성 『아니다.』

전강 『그러면 어떤 것이 제일구第一句입니까?』

용성 『영신永信아!』

전강 『네.』

용성 『제일구第一句 니라.』

전강   또 박장대소拍掌大笑하였다.

용성   다시 묻기를『자네가 전신轉身을 했는가?』

전강   그러면 전신구轉身句를 물어보십시오.』

용성   『어떤 것이 전신구轉身句인가?』

전강   『일낙서산日落西山에 월출동月出東입니다.』

며칠 후, 용성스님이 이 법문답法問答애 대하여 말한다.
"내가 분명히 영신永信에게 속았다."

이 말을 들은 만공滿空스님은 말하였다.
"속은 줄을 아니, 과연 용성스님이다."

제6화

전강田岡스님이 28세 1926년 가을에, 부산 선암사仙岩寺의 혜월
慧月스님을 예방하였다.

혜월스님이 전강에게 물었다.
"공적영지空寂靈知의 공적空寂을 이르게."

전강이 답하였다.
"볼래야 볼 수 없고, 안 볼래야 안 볼 수 없습니다."

혜월스님이 또 물었다.
"공적영지空寂靈知의 영지靈知를 일러라."

전강이 답한다.

"안 볼래야 안 볼 수 없고, 볼래야 볼 수 없습니다."

혜월스님이 또 물었다.

"공적영지空寂靈知의 등지等持를 일러라."

전강이 답한다.

"落霞는 如枯木諸飛하고 秋水는 共長天一色입니다."

노을은 죽은 나무에 두루히 날고
맑은 가을 물은 가없는 허공에 한 색이로다.

전강스님이 원상圓相을 그려놓고 보월寶月스님에게 물었다.

"마조馬祖의 원상법문圓相法問에 입야타入也打 불입야타不入也打라 하였으니 보월寶月스님께서는 어떻게 이르시겠습니까?"

보월寶月스님은 곧 원상圓相을 뭉개었다. 전강스님이 보월寶月스님에게 말하였다.

"납승衲僧이 사재등과구死在藤窠臼로다. 마조馬祖의 봉하棒下에 어떻게 생명을 보존하겠습니까?" (窠 : 보금자리. 臼 : 허물, 근심거리) (납승이 마른 등나무집 속에 죽었도다. 마조의 몽둥이 아래 어떻게 생명을 보존하겠는가?)

이렇게 묻고, 보월스님의 대답이 떨어지기 전에 나와서는, 곧바로 옆방의 만공滿空스님 처소에 와서, 만공스님에게 전강스님이 말했다.

"마조원상법문馬祖圓相法問을 보월스님에게 물었더니 원상圓相을 뭉개었습니다. 이렇게 그르칠 수 있겠습니까?"

만공滿空스님이 전강에게 마조원상법문馬祖圓相法問을 물으며 『자네는 어떻게 이르겠는가?』 하였다.

전강스님이 답했다.
"봉棒을 짊어지고 들어가는 데는 함부로 칠 수 없습니다."

만공滿空스님이 양구良久하였다.

20

고암상언
古庵祥彦
1899-1988

● **약적 略跡**

    고암선사古庵禪師의 법명은 상언祥彦, 법호法號는 고암古庵이고,
자호自號는 환산歡山이다.

1899년
경기도 파주군 적성면 식현리에서 나다.
서당에서 한학漢學을 익혔고 보통학교에 다녔다.

1915년 17세 여름,
우연히 어떤 행각승을 만나 회룡사回龍寺에서 하룻밤을 묵은 인연
으로 화계사華溪寺에서 수개월간 머물다.

1916년 가을,
서울 사동 포교당에서 용성龍城스님의 금강경법문을 듣고 발심하
여 망월사望月寺에 가다.

1917년 7월,

해인사에서 제산霽山스님을 은사로 득도하다.

1918년

화장사華藏寺에서 동안거를 하다.

1919년

삼일운동이 일어나자 화장사 대중들과 만세운동을 하다.

1920년 봄,

통도사通度寺 극락암極樂庵에서 혜월화상慧月和尙을 친견하고 좌선
하다.

1920년 이후,

일제의 탄압을 피해 심원사心源寺, 석왕사釋王寺, 신계사新溪寺, 건
봉사乾鳳寺, 유점사楡岾寺, 마하연사摩訶衍寺, 표훈사表訓寺, 신흥사
新興寺, 불영사佛影寺, 고운사孤雲寺 등에서 선수행禪修行하며 교敎
를 아울렀다.

1921년

망월사에서 용성선사의 선회禪會에 참석하고, 대각사大覺寺에서 용
성선사에게서 사교四敎를 배웠다.

1922년 봄,

오대산五臺山 상원사上元寺에서 정진하고, 8월에는 문경 대승사大乘
寺, 금룡사金龍寺, 용문사龍門寺 등을 거쳐 해인사海印寺로 가서 용
성선사 계사로 구족계와 보살계를 받았다.

1923년

예산禮山 정혜사定慧寺 만공滿空문하에서 정진하다.

1924년

백양사 운문암雲門庵에서 용성선사龍城禪師의 지도아래 동산東山, 석암石巖, 금포錦袍 등과 함께 정진했다. 이때 고암은 오후불식午後不食과 묵언정진黙言精進을 했으며, 전강田岡과 절친이 되다.

1925년 이후,

직지사直指寺, 수도암修道庵, 지리산 칠불암七佛庵, 망월사望月寺, 천성산千聖山 내원사內院寺 등지에서 묵언黙言하면서 정진精進하였다.

1926년

고암古庵이 천성산千聖山 내원암內院庵에서 정진하던 중, 진심眞心을 측지測知하여 읊다.

禪定三昧壺中日月 선정삼매호중일월
凉風吹來胸中無事 양풍취래흉중무사

선정삼매禪定三昧는 항아리 속의 일월과 같고,
시원한 바람이 부나니 가슴 속엔 일이 없네.

1930년경,

금강산金剛山 유점사楡岾寺에서 만공선사滿空禪師를 모시고 정진할 때, 고암은 중고납자이나, 공양주 소임을 자청하여 궂은일을 맡아 했다. 엄동설한에 대중들의 신발을 남몰래 닦아놓고 새벽이면 세숫물까지 데워 주었다.

1936년 36세 여름,

고암古庵은 내원사 천성선원에서 용성선사龍城禪師의 지도를 받으며 정진하였다. 식음食飲을 몰각하고 시간時間과 공간空間을 여의며 삼매三昧에 든 지가 열흘이 넘었을 제, 갑자기 소나기가 내리며 천둥이 쳤다. 그 때 천둥소리에 인연하여 홀연히 개안開眼하였다. 고암古庵이 문을 박차고 나오니 용성선사龍城禪師가 물었다.

"심요心要를 얻었는가?"
"금강경金剛經은 모두 공리空理입니까?"
"반야般若의 공리空理는 정안正眼으로만 보느니라."
용성선사龍城禪師가 물었다.
"조주무자趙州無字 십종병十種病에 걸리지 않으려면 어찌해야 하는가?"
"다만 칼날 위의 길을 갈 뿐입니다.(但行劍上路)"

"세존의 염화미소의 소식의 의지(意旨)가 무엇인가?(世尊 拈花微笑消息 意旨如何?)"
"사자 굴에는 다른 짐승이 없습니다(獅子窟中無異獸)"

"육조대사께서 비풍번동非風幡動이라 하였는데 그대 뜻은 어떠한가?"
"하늘은 높고 땅은 두텁습니다(天高地厚)"

고암古庵이 물었다.
"선사禪師님의 가풍은 어떠합니까?"
"나는 주장삼하拄杖三下니라. 그대는 어떠한가?"
"제자도 주장삼하拄杖三下입니다."

용성선사龍城禪師가 밝게 웃으며 말했다.
"만고풍월萬古風月이로다."

고암古庵이 게게偈를 지어 용성선사龍城禪師에게 올리다.

回頭翻身開鐵壁 회두번신개철벽
香水波花萬年春 향수파화만년춘
洛東逆流越西天 낙동역류월서천
萬古風月自戲弄 만고풍월자희롱

머리를 돌려 몸을 뒤쳐나 철벽鐵壁을 여나니
향수香水의 파화波花가 만년萬年의 봄이로다.
낙강洛江이 거슬러 서천西川을 넘나니
만고풍월萬古風月을 스스로 희롱戲弄하도다.

용성선사龍城禪師가 "선재! 선재!"라 하며 송頌하다.

萬古風月知音者誰 만고풍월지음자수
古庵獨對風月萬古 고암독대풍월만고

만고萬古의 풍월風月을 아는 이 누구런가?
고암古庵을 독대獨對하니 풍월風月이 만고萬古로다.

또한 용성선사龍城禪師가 전법게傳法偈를 주다.

佛祖元不會 불조원불회
掉頭吾不知 도두오부지
雲門胡餠團 운문호병단
鎭州蘿蔔長 진주나복장

부처佛와 조사祖도 원래 알지 못하나니
도두掉頭하는 나도 알지 못게라.

운문雲門의 호떡은 둥글고

진주鎭州의 무蘿蔔는 길도다.

　용성선사龍城禪師가 고암古庵의 견처見處를 허여許與하여 전법게
傳法偈를 내리고 법호法號를 고암古庵이라 지어주었다.

1939년부터,
해인사海印寺, 백련사白蓮寺, 표훈사表訓寺, 직지사直指寺, 범어사梵
魚寺의 선원에서 조실을 역임.

1944년 2월, 해인사에서 대선사大禪師 법계를 품수하다.

1945년 10월, 나주羅州 다보사선원장多寶寺禪院長.

1946년부터 1954년까지 전국을 돌며 포교에 전념.

1952년 해인사에서 대종사大宗師 법계를 품수하다.

1955년 8월, 마산 성주사聖住寺 주지.

1958년 9월, 직지사 주지, 교단정화운동에 참여하다.

1960년 해인사 용탑선원·조실,

1967년 7월 조계종曹溪宗 3대 종정宗正에 추대되다.

1972년 7월 조계종曹溪宗 제4대 종정宗正에 추대되다.

1978년 5월 조계종曹溪宗 제6대 종정宗正에 추대되다.
1980년 2월 용성선사龍城禪師 문도회 문장門長.

1981년

문인 대원大元이 하와이에서 해외포교에 나서자, 그곳에 가서 손수 공양을 지어 마지를 올리고, 대중에게 공양하며, 한 달에 여섯 번 법문을 하였다.

1985년 3월, 인도, 동남아, 호주 등에 전법순력하다.

1986년 88세,
서울 대각사大覺寺에서 문인 대원大元이 고암古庵화상에게 게偈를 올리다. 忽然栢頭手放語/ 廓然銷覺疑團處/ 明月獨露淸風新/ 凜凜闊步毘盧頂/ (所緣 省略) 고암古庵화상이 대원大元에게 전법게傳法偈를 주다.

> 佛祖傳心法 불조전심법
> 不識又不會 불식우불회
> 趙州茶一味 조주차일미
> 南泉月正明 남전월정명

> 불조佛祖가 전한 심법心法은
> 아지 못하고 또한 아지 못할지라
> 조주趙州의 차 맛은 일미一味이거니
> 남전南泉의 달이 정명正明하도다.

1988년 10월 25일,
해인사海印寺 용탑선원에서 임종게臨終偈를 남기다.

> 伽倻山色方正濃 가야산색방정농
> 始知從此天下秋 시지종차천하추
> 霜降葉落歸根同 상강엽낙귀근동
> 菊望之月照虛空 국망지월조허공

가야산에 단풍이 짙게 물드나니,

천하가 가을인줄 알겠도다.

상강霜降이라 낙엽지면 뿌리로 돌아가나니

구월의 보름달은 허공에 두렷 빛나거라.

시자에게 한 말씀 더하였다.

"조심해서 살거라. 세상사 모두에 인과因果가 분명하니라."

세수 90세, 법랍 71세로 세상을 떠났다. 1988년 10월 29일 연화
대蓮華臺에서 다비하니 영롱한 사리 16과가 나왔다. 이듬해 문도
70여 명이 부도浮屠와 비碑를 세웠다.

◉ 낙어 落語

하나.

고암古庵은 용성선사龍城禪師로부터 선禪과 율律을 전해 받았고,
아울러 제산霽山과 한암漢巖의 율맥律脈을 이었다. 그런 연유로
각처에서 보살계를 설했다. 고암古庵은 신년법어, 결제와 해제법
어 등을 통해 인간정신의 회복을 강조하며 불법의 진리를 대중들
에게 알리기에 힘썼다. 또한 고암古庵은 사찰의 주련을 한글로
쓰고 선원禪院에 스님과 일반신도들이 함께 수행하도록 권했다.
선게禪偈의 일반화—般化와 인간人間 본래의 평등平等을 소박素朴
하게 나투는 실천인 것이다. 고암古庵은 평소에 기도祈禱와 송주
誦呪를 했는데, 이는 용성선사龍城禪師의 영향이다. 목에는 언제나
108염주가 걸려 있었고, 앉으면 늘 염주念珠를 돌렸다.

둘,

고암古庵은 원각경圓覺經과 법보단경法寶壇經과 신심명信心銘을 주로 설했다. 자주 인용한 몇 구절을 옮긴다.

"마음이 깨끗하면 국토가 청정해진다(心淨卽國土淨)"
"본래의 참마음을 지키는 것이 시방세계 부처님을 생각하는 것보다 낫다. (守本眞心 勝念十方諸佛)"
"금가루가 귀한 것이지만 눈에 들어가면 병이 된다."

셋,

고암古庵은 언제나 빈손이었다. 평생에 옷이 두벌이었으며 만년까지 손수 빨래해서 입었다.

고암古庵의 일생은 하심下心과 겸손謙遜, 근면勤勉과 자비慈悲의 나툼이었다. 성품은 인자仁慈했으며, 항상 스스로를 낮추었고 생활은 맑고 깨끗하였다.

한 뼘의 틈도 없이 하심행下心行을 실천한 천진고승天眞高僧이다. 천진天眞과 순박淳樸을 묻는가? 고암선사가 그 행리行履와 모습을 해맑게 나투었다.

하나,

법상을 주장자拄杖子로 세 번 치고 이른다.

"기신론起信論에 이른다. '일체의 경계가 오직 망념에 의지하여 차별이 생기나니, 만약 망념을 여의면 일체 경계의 허상이 사라진다.(一切境界가 唯依妄念하여 而有差別하나니 若離心念하면 則無一切境界之相이라.)' 범부의 병처病處는 오직 망념妄念이니, 망념妄念을 쉬면 진심眞心이 드러나니라."

둘,

법상을 주장자拄杖子로 세 번 치고 이른다.

"산간山間에 명월明月이요, 강상江上에 량풍凉風이로다."

또 이른다.

"몇 번이나 아인我人의 산을 돌아왔으며 몇 번이나 은애恩愛의 물속에 출몰出沒했는가? 홀연히 참 가르침을 만났나니 이제 고향 밟을 일만 남았구나."

또 이른다.

"천겁千劫을 지나도 예古가 아니오, 만세萬歲를 뻗쳐도 항상 지금只今이로다."

셋,

주장자拄杖子를 세우고 이른다.

"지금 도道를 묻는 이가 스스로 보배이거늘, 어찌하여 밖에서 찾는가?"

법상을 주장자拄杖子로 세 번 치고 이른다.
"금金으로 금金을 바꾸지 못함이요, 물로써 물을 씻을 수 없느니라."

또 이른다.
"금일今日에 산승山僧이 법상法床에 오르기 전에 이미 그르쳤나니,
어떻게 해야 옳겠는가?"

대중이 묵묵默默하다.

● 선문답 禪問答

하나.

1934년 36세 여름, 고암古庵이 내원사 천성선원에서 홀연히 개
안開眼하니 용성선사龍城禪師가 알아보고 법法을 가름하였다.

용성龍城이 물었다.
"조주무자趙州無字의 열 가지 병에 걸려들지 않으려면 어떻게 해야
하는가?"

고암古庵이 답했다.
"다만 칼날 위의 길을 갈 뿐입니다(但行劍上路)"

용성龍城이 다시 물었다.
"세존世尊이 영산회상靈山會上에서 가섭에게 연꽃을 들어 보이신 뜻
은 무엇인가?"라고 묻자,

고암古庵이 답한다.

"사자 굴에는 다른 짐승이 있을 수 없습니다.(獅子窟中無異獸)"

용성龍城이 다시 물었다.

"육조스님이 깃발이 흔들리는 것을 보고, 바람이 움직이는 것도 깃발이 움직이는 것도 아니고, 다만 마음이 움직이는 것이라고 했는데, 그 뜻은 무엇인가?"

고암古庵은 곧바로 일어나 세 번 절을 한 뒤 답했다.

"하늘은 높고 땅은 두텁습니다.(天高地厚)"

용성선사龍城禪師가 고암古庵의 견처見處를 허여許與하고, 법호法號를 고암古庵이라 지어주었다. 이때 용성선사龍城禪師가 아래와 같이 읊었다.

萬古風月知音者誰 만고풍월지음자수
古庵獨對風月萬古 고암독대풍월만고

만고의 풍월을 아는 자 누구런가?
고암을 독대하니 풍월이 만고로다.

용성선사龍城禪師가 전법게傳法偈를 주다.

佛祖元不會 불조원불회
掉頭吾不知 도두오부지
雲門胡餠團 운문호병단
鎭州蘿葍長 진주나복장

부처佛와 조사祖도 원래 알지 못하나니

도두掉頭하는 나 또한 알지 못게라.
운문雲門의 호떡은 둥글고
진주鎭州의 무蘿蔔는 길도다.

둘.

고암古庵이 용성선사龍城禪師에게 물었다.
"금강경金剛經은 전부 공리空理입니까?"

용성선사龍城禪師가 답했다.
"반야般若의 공리空理는 정안正眼으로 보는 것이다."

이어 고암古庵이 용성선사龍城禪師에게 말했다.
"스님의 가풍家風은 무엇입니까?"

용성선사龍城禪師가 주장자拄杖子를 세 번 내려치니, 고암古庵이
똑같이 주장자拄杖子를 세 번 내려쳤다.

21

동광혜두
東侊慧頭
1900-1976

● 약적 略跡

1900년

전라도 장성長城에서 출생. 부父는 선말鮮末의 장성부사長城府使

1916년 17세,

범어사 김성능金性能화상을 은사로 득도. 법명은 근우根雨.

1919년 20세,

독립만세 사건으로 대구의 감옥에서 복역. 감옥에서 선문촬요禪門撮要를 보다가 수심결修心訣의 "범부로서 성인의 경계에 들어가는 데는 이 마음 닦는 길을 여의고는 다른 길이 없다."라는 데서 발심發心. 출옥出獄 후, 통도사通度寺 극락암極樂庵 혜월선사慧月禪師를 찾아뵙다. 화두참구법話頭參究法을 배우고, 혜월선사慧月禪師의 제자가 되다.

1920년 21세 여름,

직지사直指寺 천불선원千佛禪院에서 김제산선사金霽山禪師와 이석암선사李石岩禪師 지도 아래 처음 하안거를 지내다. 석암선사石岩禪師와 동행하여 백양사白羊寺에 동안거방부冬安居榜附.

1920년 8월

내소사來蘇寺 청련암青蓮庵의 금봉선사錦峰禪師에게 무자화두無字話頭 공부법工夫法을 물었다. 몽산화상蒙山和尙의 무자화두無字話頭 십절목十節目을 이르는데, "목숨을 떼어 놓고 화두를 들기 이전以前을 향하여 눈을 돌려서, 홀연히 그 곳에서 다시 살아나, 요달해 사무쳐서 의심의 여지가 없으면, 일천 칠백 화두를 누가 감히 너의 면전에서 끄집어내어 말하겠느냐. 棄命코 向未擧以前하여 着眼하여 忽然再生하여 了徹無餘 하면 一千七百公案을 雖敢向你面前하여 拈出하리요."

이 법문法問을 듣자마자, 근우수좌根雨首座는 '허공이 분쇄粉碎하고 대지가 평침平沈하며, 허공에 불타고 바다 밑에 연기난다.'는 경계가 자각自覺되며, 의기意氣가 하늘을 찌르는 듯하고, 잠이 없어져서 정신이 가을 하늘 같이 맑아졌다. 전에 알던 공안公案을 점검해 보니 그 의지意旨를 알겠고 의심이 타파되면서, 게송이 절로 흘러 나왔다.

1920년 21세, 개오송開悟頌 읊다.

忽聞未擧以前說 홀문미거이전설
始覺湛寂本然性 시각담적본연성
趙州達摩莫慢人 조주달마막만인

皆皆丈夫誰是屈 개개장부수시굴

문득 무자화두를 들기 이전을 향하여 착안하라는 말을 듣고
비로소 담담적적湛湛寂寂한 본연성本然性을 깨쳤네.
조주趙州와 달마達摩여, 사람을 업신여기지 마오,
모두가 장부丈夫거늘, 누가 도道에 굴屈하리오.

개오송開悟頌을 지은 날, 석암선사石岩禪師에게 물었다.
"이제는 공부를 어떻게 할까요?"
석암石岩스님이 말하였다.
"이 사람아! 밥맛 알았다고 그 전에 먹던 밥을 안 먹는가?"

1924년 범어사 성월선사惺月禪師가 화담華潭이라 법호法號하다.

1925년 선암사 혜월선사慧月禪師가 해암海巖이라 법호法號 주다.

1928년 용성선사龍城禪師가 전도게傳道偈를 주다.

大覺傳心事 대각전심사
掉頭吾不識 도두오불식
午睡方正濃 오수방정농
山鳥又一聲 산조우일성

부처님의 마음 전하는 일은,
도두掉頭하는 나도 모르겠도다
낮잠은 바야흐로 깜빡 들었는데,
산새소리 또한 지저귀누나.

용성선사龍城禪師는 근우수좌根雨首座를 대각교의 제2세주로 삼

으려 했으나, 근우수좌根雨首座는 29세의 연소年少를 이유로 사양.

1929년 이후 보림保任에 전념. (은거隱居:1929-1972)

1930년 31세, 스스로 동광東侊이라 하고, 만년에는 동광혜두東侊慧頭라 하다.

1973년 74세, 밀양 표충사에서 서울대학교 불교학생회의 겨울 수련대회에서 선禪을 강의.

1974년 75세 가을에, 보림선원寶林禪院의 백봉거사白峰居士가 서울 칠보사七寶寺에서 설법을 할 제, 당시 칠보사에 객승客僧으로 있었다. 백봉거사의 설법을 아흐레 듣고 "선재善哉! 선재善哉!" 하며 찬탄하다. 대중들에게 "견성하신 훌륭한 스승이니 열심히 배우시라."고 하였다. 백봉거사와는 목례만 하고 말은 하지 않았다. 당시 칠보사七寶寺의 조실은 강석주스님이다.

1976년 8월 30일 77세, 서울 제기동의 연화사蓮花寺에서 입적入寂. 그날 아침에 여느 때와 같이 아침 공양 후, 목욕을 하고 주위 사람들에게, "나는 오늘 가니, 다들 공부 열심히 하시오." 하였다. 그날이 재일齋日이었는데, 점심공양하라는 전갈을 하러 갔더니 이미 입적한 뒤였다. 동광선사의 임종게臨終偈는 다음과 같다.

七七年間遊幻世 칠칠년간유환세
四大肉身今朝棄却 사대육신금조기각
棄却然後向甚麼處 기각연후향심마처
無向無去亦無住 무향무거역무주

然雖如是 연수여시
欲知我之眞面目 욕지아지진면목
靑山不動水長流 청산부동수장류

77년간 꿈과 같은 세상에서 노닐다가,
사대육신 오늘 아침에 버리려 하노라.
버린 후엔 어느 곳을 향하는가?
향함도 없고, 감도 없고, 머묾도 없다.
비록 그렇기는 하나,
내 진면목을 알려고 하는가?
청산은 부동인데, 물은 길이 흐르도다.

◉ 일화 逸話

───────────────────────────

1920년 근우수좌根雨首座 21세, 백양사白羊寺에서 새벽 예불을 마치고 조실祖室스님과 독참獨參할 차례가 되어, 학명선사鶴鳴禪師에게 세 번 절하니, 조실祖室스님이 급하게 묻는다.

"어떤 것이 불성인고? 如何是佛性인고"

근우수좌根雨首座가 "악!" 하고 일할一喝하니, 또 조실스님이 바로 질러 묻는다.

"어떤 것이 불성 아닌 것인고? 如何是非佛性인고"

근우가 다시 "악!" 하고 일할 하니, 또 조실스님이 다시 무어라 하였는데, 말이 빨라서 근우가 알아듣지 못했다. 근우가 머뭇머뭇하며 나가려 할 때, 학명선사가 일어나며 근우의 어깨를 탁! 치며 조실 문 밖으로 쫓아내었다. 근우가 학명선사께 쫓겨나 큰 방으로 와서 생각한다. '세 번째 질문이 무엇이었을까? 오직 그 생각 하나 뿐이었다. 그렇게 틈 없이 밀어 붙이기를 만 하루가 지나 문득의심을 푸니, "어떤 것이 불성 아닌 것도 아닌 것인가? 如何是非非佛性인고"였다는 생각이 들었다. 바로 조실스님께 가서 공경히 세 번 절한 뒤 말하였다.

"어떤 것이 불성입니까? 如何是佛性이오?"

조실스님이 "악!" 하였다. 근우수좌가 또 물었다.
"어떤 것이 불성 아닌 것입니까? 如何是非佛性이요?"

조실스님이 다시 한 번 "악!" 하였다.
'글이 하나 나옵니다.' 하며 근우수좌가 읊었다.

白羊少林藏身客 백양소림장신객
鶴鳴一聲出脚人 학명일성출각인

백양산 소림굴에 몸 감춘 나그네,
학명의 일성一聲에 출각出脚한 사람이라.

학명鶴鳴스님이 근우수좌에게 물었다.
"어떤 것이 다리 낸 사람인가? 如何是 出脚人인고?"

근우수좌가 꿇어앉은 채, 오른쪽 다리를 쑤욱 내어 밀었다. 학명스님이 잠자코 있으므로, 근우수좌가 다시 읊었다.

森羅萬象滅盡處 삼라만상멸진처 에
頭頭物物各宛然 두두물물각완연 이라

삼라만상이 멸해 다한 곳에,
두두頭頭와 물물物物이 각각 완연宛然하도다.

1921년 5월 하안거夏安居 반 살림 법문을 하는 날, 건봉사乾鳳寺
봉암鳳庵의 조실인 한암선사漢巖禪師가 법문을 하지 않으므로, 큰
절 대중들이 봉암鳳庵에 모였다가 점심만 먹고 내려가게 되었다.
내려가는 도중에 김영곡金靈谷, 설석우薛石友 두 노스님이 대중을
돌아보며 말하였다.

"우리가 세상을 등지고 머리를 깎고 중이 된 것은 불도佛道를 구하기
위함이요. 그리고 누더기 떨쳐입고 걸망 하나 메고 주장자 짚고 청
산을 찾아 선지식을 친견하는 것은, 법을 물어 듣고 도道를 깨치기
위함인데, 어찌 국수 공양만 뚝딱 먹고 그냥 내려 갈 수야 있겠소?
이번 철에 마침 애기도인靑年道人 우수좌雨首座도 있으니 조실스님하
고 법거래法去來하는 것 듣는 것이 어떻겠소?"

대중들이 모두 「좋습니다.」하고 찬성한다. 근우수좌가 처음에
는 사양하다가, 대중과 같이 봉암鳳庵으로 되돌아 올라갔다. 우수
좌雨首座가 올라가면서 생각한다.

—조실스님은 선교禪教에 아주 밝은 분이라 〈전등록〉과 〈선문염송〉에 있는 것을 물으면 모두 대답을 할 것 같으니, 격외도리格外道理를 물어야 하겠는데, 무엇을 물을까?—

마침 길에 있는 나뭇가지를 하나 집어 들었다. 봉암鳳庵 마당으로 들어서니, 대중스님들과 조실스님은 큰 절 대중들을 마중하고 마당에 있는 나무그늘에서 쉬고 있는 중이었다.

그 때, 내려갔던 큰 절 대중들이 모두 올라오고, 우수좌雨首座가 꼬챙이를 들고 나타나니, 조실스님과 봉암鳳庵 대중들이 적이 쳐다본다. '저 놈이, 무슨 짓을 하려고 저러나.' 하는 눈치였는데, 우수좌雨首座가 한암선사漢巖禪師 앞에 가서 「스님!」 하고 불렀다. 한암선사漢巖禪師가 말씀이 없자, 우수좌雨首座가 다시 「스님!」 하고 불렀다. 역시 말씀이 없었다. 우수좌雨首座가 조실스님을 향하여 꼬챙이를 치켜들며 말했다.

"스님! 이것을 어디로 던지겠습니까?"
"마음대로 던지소!"
"마음대로 던질 터이나, 어디로 던지겠습니까?"

조실스님이 말이 없자, 우수좌雨首座가 주먹을 쥐고 한암선사漢巖禪師를 향하여 때리는 흉내를 내면서 「막!」 하였다. 그런 연후에 한암선사漢巖禪師가 얼굴이 붉어지거늘, 우수좌雨首座가 조실스님께 허리를 크게 굽히고 합장合掌하며, 「큰 스님이시여! 거룩하십니다.」 하고는, 큰 절 대중들과 같이 내려갔다.

동광선사東侊禪師가 혜월노사慧月老師께 묻는다.

"제가 22세에 울산 진하 인성암引聖庵에서 제 은사인 성능性能스님
을 모시고 있었는데, 어느 날 꿈에 학명선사鶴鳴禪師와 남경선사南鏡
禪師가 인성암 큰 방에서 법담거래法談去來를 하고 있었는데, 제가
두 선사禪師가 법거래 하는 것을 알고서, 큰 방 문을 열고는 두 선
사를 향해서 "무슨 망상妄想을 이리 피우십니까?" 하고는, 방문을
탁! 닫아 버리고 마루로 나서는데, 학명선사鶴鳴禪師가 회초리를 가
지고 나와서 나의 이마를 탁! 때리거늘, 내가 선사의 수단을 보기
위해 뒤로 나자빠지면서 하는 말이 「아이고! 나 죽는다.」 하였습니
다. 그 때에 학명스님의 수작手作이 있었는데, 스님이라면 그 때 어
떻게 하겠습니까?"

혜월노사慧月老師가 가만히 듣고 계시다가 말씀하신다.
고려 말, 나옹懶翁스님이 중국의 평산처림선사平山處林禪師를 참
방하였는데, 나옹스님에게 물었다.
"귀국의 스님의 스승은 매일 무슨 물건을 사용하는가?"
나옹스님이 대답하였다.
"우리 스님은 하루에 천검千劍을 씁니다."
평산선사가 다시 물었다.
"그대의 스승은 그렇더라도, 스님은 매일 무슨 물건을 쓰는고?"
나옹스님이 자기가 앉아 있던 방석을 번쩍 들고서 묻는 평산선
사를 때리니 평산선사가,
"아이고! 오랑캐 나라의 중놈이 사람 죽이네!"
하며 쓰러지거늘, 나옹이 평산平山의 멱살을 잡아 일으키면서

"내 칼은 능히 죽이기도 하고, 능히 살리기도 한다."

동광東侊은 혜월노사慧月老師께서 말씀을 시작할 때, 이미 긍정肯定하였다. 다 들은 후에 "옳습니다!" 하다.

1926년, 동광선사東侊禪師가 기장機長 고경사高境寺의 주지로 가게 되었는데, 혜월노사慧月老師와 동행하여 팔십 리를 걸으며 얘기를 나누었다. 동광東侊이 혜월노사慧月老師께 말했다.

"스님! 제가 법거래法去來하여 보니 운암雲岩이 운봉雲峰보다 법法이 나은데, 어찌 운봉雲峰에게 법을 전했습니까?"

혜월노사慧月老師께서 말하였다.

"이 사람아! 그 때는 운봉雲峰만한 사람이 없었네."

그 말씀을 듣고, 동광선사東侊禪師가 생각해 보니, 운암선사雲岩禪師가 운봉선사雲峰禪師 보다 나중에 깨쳤다.

"과연 그렇겠습니다."

1967년, 춘성선사春城禪師와 동광東侊스님이 주고받은 편지내용이다. 먼저 춘성선사春城禪師가 동광에게 편지를 보냈다.

東侊스님 안녕하십니까? 無眼鼻한 腎頭가 說法하는 道理會麼? 口頭說法은 比是眞死句로다. 奉恩寺에서 作別後 至于今 不知消息하여 我之生覺으로는 戰爭에 東侊스님이 死亡하였는가? 日本九州八番市 自己의 創建寺로 去居하였는가? 窮噤히 生覺中 金永揖先生便에 東侊消息을 聞而急驚하야 眞如對面이요 眞如對話로다. 眞實歡喜하야 東侊을 一次相逢이 好思之心生하야 便紙를 如此付送하니 見後에 似逢春城이 一次笑見하시오. 善夢도 亦是夢이요 惡夢도 亦是夢이니 太白山에서 出却하야 直來望月寺禪房하면 感謝하겠습니다. 苦待합니다.

西紀 一九六七年 七月 九日 李春城 三笑

동광스님 안녕하십니까? 눈도 코도 없는 신두腎頭가 법을 설하는 도리를 아십니까? 주둥아리로 법을 설하는 것은 바로 참으로 사구死句랍니다. 봉은사에서 서로 작별한 후 지금까지 소식을 알지 못하여 내 생각으로는 전쟁통에 동광스님이 사망하였는가? 일본구주에 자기가 창건한 절로 가버렸는가? 궁금하던 중, 김영집선생에게 동광스님 소식을 듣고는 갑자기 놀래어 참으로 얼굴을 대한 것 같고, 참으로 얘기를 나눈 것 같소. 진실로 환희하여, 동광스님을 만나고파 편지를 보내오니, 춘성春城을 만난 것 같이 한번 웃어보시오. 좋은 꿈도 역시 꿈이요, 나쁜 꿈도 역시 꿈이니, 태백산에서 나와서 바로 망월사 선방으로 오시면 감사하겠습니다. 고대합니다.

1967. 이춘성, 세 번 웃다.

동광선사東侊禪師의 회답回答.

「欲往望月이나 四肢絶却 行步不能이니 正當任麼時 恁麼行望月」

"망월사로 가고자 하나, 팔과 다리가 끊어져서 행보行步가 불능不能이니, 바로 이러한 때를 당하여 어떻게 해야 망월사로 가겠소?"

춘성선사春城禪師의 회답回答.

「一把柳條收不得 隨風楊在玉欄干」

"한 줌 버드나무 가지를 거두어 얻지 못해, 봄바람을 따라 버들가지 옥난간에 걸어두도다."

동광선사東侊禪師의 회답回答.

「如是如是 然雖如是 此是姑未得百尺竿頭進一步消息 不得救助病身 咄. 恁麼生 方得救助病身耶 道將一句來」

"그러하고 그러하오. 비록 그러하나 이는 아직 '백척간두百尺竿頭에서 한 걸음 나아가는 소식'을 알지 못하는 것이라, 병난 몸뚱이를 구하지 못합니다. 돌咄! 바야흐로 병난 몸뚱이를 구하려면 어찌해야 좋을 지 한마디 일러보시오."

제6화

1971년, 동광선사東侊禪師가 인천 용화사龍華寺에 가다. 전강선사田岡禪師가 동광선사東侊禪師를 보고 맞이하며 "야아! 우수좌雨首座! 참 오랜만일세!" 하다. 동광선사東侊禪師가 곧바로 "나를 어디서 봤노?" 하자, 전강스님이 "들어가세. 들어가!" 하였다.

저녁 공양 후 한 시간쯤 지나서 전강스님이 동광스님이 있는

객실에 와서 이불 밑에 손을 넣어 방이 차갑지 않은지 살펴본다.

동광 "괜찮네. 지낼 만하네."

전강 "그동안 어디 있었길래, 통 보이지 않았노?"

동광 "뭐 이렇게 다니는 땡초가 거처居處가 정해져 있나? 태백산, 소백
산 등에 더러 있었네."

전강 '아! 그랬구나!'

동광 "내가 마지막으로 자네田岡도 만나고, 춘성春城, 혜암惠庵도 만나
보고 죽으려고 왔네."

동광 "내가 보낸 사신불매-문법편지四臣不昧-問法便紙 받았는가?"

전강 "받긴 받았네."

동광 "왜 대답 안 하셨노?"

전강 (묵묵)

동광 "모르시나?"

전강 (두 팔을 번쩍 들다)

동광 "아닐세."

전강 (다시 두 다리를 들다)

동광 "50년 전에, 금오金烏하고 백양사白羊寺에서 물었을 때도 그렇게
대답하더니, 여전하시구나."

동광 "불교신문에 보니, 자네하고 경봉鏡峰스님하고 법거래法去來한
것이 있던데, 그게 어찌된 것인고?"

전강 "내가 젊었을 때, 통도사通度寺에 갔는데, 그 때 법광法狂이란 수
좌首座가 하나 있었는데, 통도사에 있던 추산노장秋山老長이 나
보고 "법광法狂난 수좌 좀 붙잡아주라." 하길래, 내가 그 사람을

만나 보니, 키는 팔대장승 같이 큰 사람이 안광眼光이 발발發發하고 있었네.

내가 그 수좌首座에게 묻기를, 마조馬祖의 원상圓相을 땅바닥에 그리고, '들어와도 때리고, 들어오지 않아도 때린다. 入也打 不入也打' 하니, 그 수좌가 땅바닥에 그린 원상圓相을 뭉개거늘, 내가 다시 원상圓相을 그리고는 "원상圓相을 그대로 두고 답을 해야 한다."고 했네.

동광 "만약 경봉스님이 대답을 그렇게 했다면 잘못 했는데—"

동광 자네가 만공滿空스님에게 전법傳法받을 때, 하였던 법거래法去來를 얘기해 보게.'

전강 만공滿空스님이 나에게 묻기를 '부처님이 견명성오도見明星悟道를 했는데, 저 하늘에 수많은 별 중 어느 것이 자네 별인가?' 하시거늘, 내가 대답하되 곧 엎드려 땅을 더듬는 시늉을 했지. 그런 연유로 만공스님이 인가認可하여 나에게 전법傳法을 하셨네."

동광 (가만히 듣고 있다가) "전법내용傳法內容을 말해보게."

전강 佛祖未曾傳 불조미증전

我亦無所得 아역무소득

此日秋色暮 차일추색모

猿嘯在後峰 원소재후봉

불조가 못 전한 것,

나 또한 전함 없네.

오늘 가을 빛 저무는데,

뒷산 봉우리에 원숭이 울음소리.

전강이 말을 마치자, 동광이 미소를 짓는다. 그러자 전강이 바라보았다. 동광선사가 말하였다.

동광   "내가 만공滿空스님과 법거래法去來를 하기 위해 네 번이나 찾아
        갔었으나, 그 때마다 만공스님이 계시지 않아 법거래를 못했다
        네. 지금까지 만공스님에 대해서 의심疑心을 가지고 있던 바,
        오늘 자네에게 전법傳法한 내용을 들어보고, 비로소 만공스님의
        경계를 알았네. 자네의 그런 대답對答에 만공스님이 인가認可하
        고 전법傳法까지 한 사실이 그저 놀라울 뿐이네."

동광   (이어 말한다.) "내가, 자네이기에, 만공스님과 자네의 법거래 내
        용을 설파說破하겠네. 나에게 '하늘의 수많은 별 중 어느 것이
        자네 별인가? 하고 물으면, 아무 말도 하지 않고 하늘의 별을
        가리키겠네. 왜냐하면 자네의 대답은 만공스님이 이렇게 물었을
        때라야 적합하네. '자네는 하늘의 수많은 별 중에서, 부처님이
        보고 깨친 별을 어떻게 찾겠는가?'라 할 때라면 자네의 대답이
        옳지만, 만공스님이 자네에게 물은 것은 어떻게 찾느냐가 아니고
        어느 별인가이기 때문에, 별을 가리켜야 옳지 않겠는가! 그렇게
        대답한 자네나, 그 대답을 듣고 인가하고 전법한 만공스님이나,
        그 만큼 의심疑心된다고 생각하네. 왜냐하면 이 참선參禪의 선담
        禪談을 풀어 헤치면 전부 우리가 쓰는 쉬운 말이 아닌가? 만약
        눈 밝은 종사宗師라면 이사理事에 명확한 것이 아니겠는가?"

전강田岡스님이 가만히 듣고만 있었다. 동광선사는 안수정등岸
樹井藤의 법문에 대해서 전강스님에게 말하였다.

"내가 큰 스님들 대답한 것을 보았는데, 모두 흡족洽足하지 않네. 그
리고 자네 대답은 '달다! 달다!' 했다고 하니, 자네는 단데 탐착貪着
했네. 지금 생사生死가 오락가락 하는 판에 "달다."가 무엇인가?"

1973년 겨울 (동광 74세), 동광선사東侊禪師가 밀양密陽 표충사表忠寺에 머물고 있었다. 그 때 서울대학교 불교학생회의 겨울수련대회가 표충사表忠寺에서 열렸다. 주지 해산海山스님의 청請으로 동광선사東侊禪師가 불교학생회에 선법문禪法問을 하였다. 선강의 禪講義 중에, 조주趙州스님의 무자화두無字話頭를 설설設說하였다.

"조주趙州는 무無라 했으나, 나는 무無라고 아니 하겠다. 누가 나에게 '개에게 불성佛性이 있습니까?' 하고 물으면, 나는 이렇게 답하련다."

하고는, 혀를 빼 물고서 '헤! 헤!' 하면서 개 흉내를 내보였다.

며칠 후 수련대회를 마치고 표충사를 떠나는 학생들을 보고 동광선사東侊禪師가 말하였다.

"저 시냇물 소리를 손바닥에 올려놓고, 마음대로 가지고 놀 수 있어야 대장부大丈夫라 할 수 있다네."(掌上에 川聲戲弄者라야 可爲大丈夫耶니라)

제8화 십이각시 十二覺詩

동광선사東侊禪師가 "조선의 청매선사(靑梅印悟, 1528-1623)의 십이각시十二覺詩를 해석하라." 는 문제問題를 제방諸方의 선사禪師들에게 보냈다. 청매선사靑梅禪師는 서산대사西山大師의 문인門人으로 십무익송十無益頌과 십이각시十二覺詩를 지었다.

覺非覺非覺 각비각비각
覺無覺覺覺 각무각각각
覺覺非覺覺 각각비각각
豈獨名眞覺 기독명진각

혜암선사惠庵禪師의 해석.

각각覺은 각각覺이다 각각覺아니다, 하는 그런 각각覺이 아니라,
각각覺은 처음(첫행)의 삼각三覺이 없어진 각각覺이다.
두 번 내세운 그 각각覺과 각각覺이 각각覺의 각각覺이 아니다.
어찌 이것을 참각眞覺이라고 할까보냐.

동광선사東侊禪師의 해석.

깨쳤다는 것은 깨쳤다 ─깨치지 못했다는 것이 아니다.
깨쳤다는 것은 깨침을 깨쳤다고 하는 깨달음도 없다.
깨침을 깨쳤다 깨치지 못했다로 깨쳤으니,
어찌 홀로 이름만 참으로 깨쳤다고 하겠는가.

모치某峙의 해석.
覺非覺非覺 진각眞覺은 각각覺과 비각非覺 밖이요,
覺無覺覺覺 진각眞覺에는 각각覺을 각각覺했다고 하는 각각覺이 없다네.
覺覺非覺覺 각각覺을 깨쳤다 깨치지 못했다로 각각覺을 삼으니,
豈獨名眞覺 어찌 홀로 이름을 진각眞覺이라 할 것인가.

탄허呑虛스님의 해석.

각각覺覺을 각각覺覺이라 했다면, 진각眞覺을 각각覺覺한 것 아니요,
각각覺覺이 아님을 각각覺覺했다는 것도 또한 진각眞覺이 아니다.
진각眞覺은 각각覺覺을 각각覺覺했다는 각각覺覺이 없거니,
어찌 홀로 진각眞覺이라 이름 할게 있으랴.

벽치나2네의 해석.

각각覺覺을 각각覺覺이라 하면, 진각眞覺을 각각覺覺한 것이 아니요,
각각覺覺이 아님을 각각覺覺했다는 것도 진각眞覺이 아니다.
진각眞覺은 각각覺覺을 각각覺覺했다는 각각覺覺이 없나니,
어찌 홀로 진각眞覺이라 이름 할 것 있겠는가.

제9화 태전선사의 게송 732-824 太顚禪師偈頌

중국中國 태전선사太顚禪師가 홍련紅蓮의 치마에 써준 다음 게송
偈頌을 해석하라—는 문제問題를 동광선사東侊禪師가 제방諸方의
선사禪師들에게 돌렸다.

(태전게송太顚偈頌 의 출처: 당나라 때 한유(韓愈,호 退之, 768~824)는
당송 8대가의 한 사람이며, 당 헌종憲宗 때 한림학사翰林學士이며
以文明道를 주창主唱 (공자의 도를 밝히는 공부를 하는 운동), 그러나
불법을 알지 못하고 비난한다. 헌종이 인도에서 부처님의 뼈사리
를 모셔오는데 동참하자, 그것을 비방하는 불골표佛骨表를 올려
서 헌종의 미움을 받고, 장안에서 800리나 떨어진 시골 조주자사

(趙州子史로 좌천되었다. 술과 문장으로 세월을 보내던 한유는 조주趙州에 훌륭한 태전선사(太顚禪師, 732~824)라는 자가 있다는 말을 듣고, 그 스님을 타락시켜 불교가 하찮은 것임을 밝히려고, 젊고 예쁜 홍련紅蓮이라는 기생에게 "백일의 기한을 줄 것이니, 태전선사라는 중을 파계破戒 시켜라, 그렇지 않으면 너의 목을 칠 것이니라."라 했다. 홍련은 "그까짓 중하나 유혹하는데 무슨 100일씩이나 걸리랴"라 생각하고는 곱게 단장하고 태전선사가 있는 축륭봉으로 올라갔다. 태전선사에게 100일기도를 하러 왔다고 말하고, 기도 중 선사를 유혹하려고 했지만 오히려 태전선사의 수행력에 감화되었다. 마지막 날에 홍련은 태전선사에게 삼배를 드리고 눈물을 흘리며 사실을 말한다. "이곳 자사인 한유의 명으로 큰스님을 타락시키고자 왔는데, 뜻을 이루지 못하면 저를 죽이겠다고 하였습니다. 큰스님, 제가 어찌하면 좋겠나이까?" 태전선사는 홍련에게 치마를 펼치라 하고는 게송偈頌을 써 준다.

"이곳 자사가 문장이 뛰어나다고 하니, 이 글을 보여주면 너를 죽이지 않을 것이다."라 했다. 홍련은 작별하고 한유에게 가서 태전선사의 게송이 적힌 치마를 펼쳐 보이니, 한유는 한 번 읽고는 "과연 명불허전名不虛傳이구나. 내 가서 만나봐야 되겠다." 한유가 태전선사에게 가니, 선사가 묻기를 "어떠한 불교경전을 읽어보았습니까?" "특별히 읽어 본 경전이 없습니다." 그러자 태전선사는 "문장으로 이름 높은 자사께서 어찌 알지도 못하며, 알려고 하지도 않으면서 불교를 비난하셨습니까?" 이로부터 한유는 태전선사에 귀의, 불법을 공부를 하게 된다.)

十年不下鷲融峰 십년불하축융봉
觀色觀空卽色空 관색관공즉색공
如何一滴曹溪水 여하일적조계수
肯墮紅蓮一葉中 긍타홍련일엽중

혜암화상惠庵和尚의 해석이다.

십년을 축융봉鷲融峰 밖을 내려가지 않으니,
색을 보되 보는 것이 공空했으니 곧 색이 공空했더라.
어찌 당신의 정액 한 방울을
홍련의 한 잎사귀에 떨어뜨릴가 보냐.
(觀色觀空卽色空을 바로 새기면 화두話頭를 할 줄 아는 자요. 어떻게 하여
야 바로 새기느냐 하면, 눈으로 색色을 볼 때 그 색色을 따라 접촉하지
말고, 되 돌이켜 보면 한 모양도 볼 수 없음에, 곧 색色이 공空했더라.)

동광선사東侊禪師의 해석이다.

십년이나 축융봉鷲融峰에서 내려가지 않았다.
모든 물색物色을 관찰하되, 그 보는 자가 비어 없으니, 따라서 비
어서 없다.
그런데 어찌 한 방울 조계수를
기꺼이 홍련의 잎사귀에 떨어뜨리겠는가.

뒷날, 벽치나그네의 해석.

십년을 축융봉鷲融峰에서 내려가지 않았네.
색을 봄에 무정無情하니, 곧 색이 공空일레라.
어찌하여 한 방울 (無情의) 조계수를
(有情의) 홍련 잎사귀에 떨어뜨리겠는가.

* 토각성兎角聲: 태전화상의 게偈에서 관색觀色의 색色은 여색女色이다. 여색女色은 겉이요, 그 동動하는 바는 마음이다. 이때의 마음은 탐애貪愛의 망상妄想을 가리킨다. 공관空觀이 곧 관공觀空이다. 그러므로 '관색관공觀色觀空'은 여색女色이 공空함이다. 공空하게 되는 바는 여색女色을 보는 자가 무정無情하여 그 정情이 공空한 것이다. 무정無情하지 않은 자가 어찌 공空을 알 수 있겠는가? 태전선사의 觀色觀空卽色空 시구詩句 해석에, 동광선사東侊禪師가 "모든 물색物色을 관찰하되, 그 보는 자가 비어 없으니, 곧 물색物色도 따라서 비어서 없다."의 해석이 밝다. 벽치나그네의 해석에 "색色을 보매 공空을 보나니, 곧 색이 공空일세."라 함은 시구의 해석이 간결하다. 또한 무정無情 조계수曹溪水와 유정有情 홍련엽紅蓮葉의 의지意旨가 돋보인다. 혜암선사의 해석은 가까우나 회광반조廻光返照에 머물러 '그러므로 그러하다' 하니 뚜렷함이 적다.

◉ 선문답 禪問答

제1화

(1922년경) 백양사白羊寺 겨울 어느 날, 근우수좌根雨首座(東侊)가 대중 앞에 게송偈頌을 내 놓고, 새겨 보라고 하였다.

"無本無無無 無無元無無"

모두들 잠자코 있는데, 석암선사石岩禪師가 말한다.
"무자의지無字意旨의 게송偈頌이로구나."

우수좌雨首座가 「그렇습니다」 답하고 새긴다.

無本無無無　없음은 본래 없고 없음도 없다.

無無元無無　없고 없음은 원래 없음이 없다.

뒷날의 벽치나그네가 푼다.

無本無無無　없음이란 본래 없는 것, 없다는 말 필요 없네.

無無元無無　없는 것을 없다함은 원래 없는 것을 없다 함이라.

(1922년경) 백양사白羊寺 겨울 어느 날, 금오金烏(太先), 전강田岡(永信) 두 스님에게 동광東光수좌가 사신불매화四臣不昧話를 말한다.

중국에 옛날 육긍대부가 남전南泉스님에게 묻되, "스님의 속성俗姓이 무엇입니까?" 남전스님이 대답하되, "내 성姓은 왕王이요." 육긍대부가 묻되 "그러면 권속이 있습니까? 없습니까?" 남전 스님께서 대답하되 "사신불매四臣不昧니라." (네 신하가 매昧하지를 아니했느니라.) 육긍대부가 묻되 "왕王이면 어느 자리에 있습니까?" 남전 스님이 대답하되 "옥집에 이끼가 났느니라." 하였다.

연후에, 동광東光이 금오金烏, 전강田岡 두 선객禪客에게 물었다. "네 신하臣下가 매昧하지 않은(四臣不昧) 뜻이 무엇이오?"

전강田岡스님이 답하여 두 팔을 번쩍 들어 보였다 동광수좌東侊首座가 그렇지 않다고 하니, 전강이 「다시 이를까?」 하더니 전강

田岡이 팔과 다리를 함께 번쩍 들어 보였다 동광東光이 이른다.
"그럴 듯하나 아닐세. 양 다리를 들지 않아도, 팔과 다리를 뜻하는
줄 알겠다. 그러나 그것은 틀렸네. 내가 일러주면 옳다고 무릎을 탁!
칠 것이나 내가 일러 주지 않겠다. 며칠 뒤에 보세."

동광수좌東侊首座가 다시 말한다.

"옥집에 이끼가 났다는 뜻이 무엇인고?"

하고 물으니, 금오金鳥스님이 답하되, "옛 사람이 바른 자리에 있
지 않다고 했지." 하니, 동광수좌東侊首座가 이른다.

"옳다! 그러나 바른 자리에 있지 않다는 뜻을 알아야 한다."

며칠 뒤에 동광東光이 전강田岡에게 말한다.

"전일의 사신불매四臣不昧의 뜻을 알았는가?"

전강스님이 대답하되 「잘 모르겠소.」 하므로, 동광東光이 의리
선義理禪으로 설파說破하다.

"네 신하는 안眼 이耳 비鼻 설舌이고, 불매不昧는 능能히 보고, 능能
히 듣고, 능能히 냄새 맡고, 능能히 맛보기 때문이다."

뒷날 동광東光의 도반道伴, 혜암화상惠巖和尙(1884-1985)이 "당세
의 혜慧는 동광東光이 제일이다."라 하였다.

제4화

(1923년경) 백양사白羊寺에서 전강스님이 마조馬祖의 원상圓相을
땅바닥에 그리고는 동광스님에게 말한다.

"들어와도 때리고, 들어오지 않아도 때린다.(入也打 不入也打)"

동광스님이 되받아 말한다.

"입야타 불입야타(入也打 不入也打)"

전강스님이 가만히 있었다. 동광스님이 전강스님의 팔을 탁!
치며 말했다.

"저 수좌首座 끌어 묻어라."

금오金烏 전강田岡 동광東侊 세 스님이 백양사白羊寺에서 약사암
藥師庵에 올라가고 있었다. 도중에 동광東侊스님이 산천山川의 풍
광風光을 완상玩賞하며 "경치가 참 좋구나!" 하였다.

이때 전강田岡스님이 말한다.

"동광東侊이 경치가 좋다하니, 좋은 것이 어느 곳에 있는고?"

동광東侊스님이 답하였다.

"산은 푸르고 돌은 희나니, 사이사이에 꽃이로다." (山靑石白한데 間
間花로다)

뒤에 학명선사鶴鳴禪師가 이른다.

"동쪽에는 남자男子요, 서쪽에는 여자女子로다."

　용성선사龍城禪師가 설법說法을 마치고 법상法床에서 내려 올제, 한 강주講主가 묻는다.

　"삼세제불三世諸佛의 설법說法과 선사禪師들의 양구良久나 방할棒喝과 어묵동정語黙動靜을 여의고, 한마디 일러보시오"

　용성龍城스님이 주먹을 세우고 말한다.
　"말해보라! 이것이 고불古佛이냐? 고조古祖냐? 용성龍城이냐?"

　강주講主가 말이 없자, 용성龍城이 말한다.
　"빨리 답하라."
　강주講主가 주저하매, 용성龍城이 질타하며 말한다.
　"매우 분명하구나. 터럭만큼이라도 차이가 나면, 하늘과 땅같이 벌어진다." (호리유차毫釐有差하면 천지현격天地懸隔일세.)

　뒷날, 동광東侊스님이 따로 말하였다.
　"털끝만큼의 차이가 나지 않더라도, 천지天地처럼 벌어진다."
　(호리무차毫釐無差라도 천지현격天地懸隔일세.)

　1931년 겨울, 동광東侊이 운봉雲峰스님에게 묻는다.
　"어떤 것이 불성佛性 아닌 것도 아닌 것인고?"

　운봉雲峰이 바로 "억!" 하고 일할一喝하니, 동광東侊이 "억! 억!" 이할二喝 하였다. 운봉雲峰스님이 말하였다.

"그렇게 해야 됩니다."

1971년, 동광선사東侊禪師가 법상法床에 올라 이른다.

"석가모니釋迦牟尼 부처님이 어디 계시며, 어떤 것이 석가모니불釋迦牟尼佛입니까?"

대중 가운데서 금산지원金山智源선사가 답한다.

"석가모니불釋迦牟尼佛이 지금 출현出現했습니다."

동광선사東侊禪師가 감파勘破하여 설한다.

"금산지원金山智源 성모聖母가 탄출석가모니불誕出釋迦牟尼佛 하도다! 그런데 석가모니불이 새벽에 명성明星을 보고 도道를 깨달았다고 했는데, 석가모니불이 한량없는 많은 별 가운데, 어떤 별을 보고 깨쳤는가? 일러 보시오!"

대중이 대답이 없으니, 동광선사東侊禪師가 자답自答하고 법상法床에서 내려왔다.

"지금 묻는 별을 보시고 도道를 이루었다."

동광선사東侊禪師가 춘성선사春城禪師에게 말한다.

"법화경法華經에 어린 아이가 오줌을 눠서 갠 흙으로 토불土佛을 만들어도 공덕이 있다고 하였는데, 요즘 사람들은 '불신충만어법계(佛

身充滿於法界)' 부처님의 법신(法身)이 우주에 가득 찼다. -의 이치理
致를 몰라."

말이 떨어지자마자 춘성선사春城禪師가 「무無!」 하니, 동광선사
東侊禪師가 「무無! 무無!」 하였다.

동광선사東侊禪師가 금오선사金烏禪師에게 묻는다.
"나귀의 일이 안 갔는데 말의 일이 온다." 의 뜻이 무엇이오?" (驢事
未去에 馬事到來니라)

금오선사金烏禪師가 답하였다.
"석왕사釋王寺에서 여기까지 왔오."

선문답禪問答이란 선가禪家에서 도반道伴과 사제師弟 사이에 이루어진 불법문답佛法問答을 가리킨다. 일반적 이해는 '내용을 알기 어려운 선사들의 문답'이라 할 것이다. 선문답의 내용을 공안公案이라고 하고, 고론高論으로 존숭되어 전해온다. 선문답은 선가禪家의 별특別特한 대화체對話體로써 중국에는 전등록傳燈錄·조당집祖堂集·지월록指月錄이 있으며 우리나라에는 선문염송禪門拈頌이 있다.

선문염송禪門拈頌은 보조普照선사의 수문인首門人 혜심慧諶선사가 역대의 공안公案을 정리하여 결집結集한 선서禪書이다. 고려와 조선의 승시僧試에 전등록과 선문염송은 필수과목이었고, 지금의 승가僧家, 강원講院에서 마지막 과정으로 배운다. 선禪공부의 길을 가는 이는, 필경에 선문답禪問答의 의지意旨를 통파通破하여야 대장부大丈夫의 문을 열었다고 할 것이다.

선가禪家의 수행자들이 평생을 참선參禪하나 마음을 깨치지 못하면 요연窅然히 생生을 마치게 된다. 더구나 독학獨學의 공부인이 죽통竹筒의 소견에서 벗어나지 못함에랴! 모름지기 불법의 핵심을 올곧게 이해하고, 진심眞心을 회광반조廻光返照해야 한다. 불법佛法의 핵심核心을 바르게 알지 못하면, 제 나름대로 공부에 힘쓰나 대개가 엉뚱한 길에서 몽연曚然히 헤맨다.

세간世間의 모든 학문學問과 공부工夫는 '모습놀이'에 다름 아니다. 세간의 학문은 보고 느끼는 모습을 따라 이해하고 해석한 논리를, 이론화 한 까닭에, 스승의 설명 요령에 따라 즉시 이해할 수 있거나 약간의 시간을 두고 학습하면 반드시 효과가 난다.

그러나 출세간出世間의 공부는 모습을 떠난 '모습 밖의 진리眞理', 즉 '모습 없는 마음'을 찾는 공부이다. 마음이 모습이 없는 까닭에 마음의 설명과 통해通解가 어려운 것이다. 슬기 높은 스승의 지도를 받아야, 옆길과 삿된 길에 헤매지 아니하고 지름길에 들 수 있다. 지름길에 들더라도 바깥의 인연을 잊지 못하고, 안으로 정념情念을 그치지 아니하면 공부를 이루기가 어렵다.

작금昨今의 세상에도 스스로 공부길에 나선 이가 적지 아니하고, 그들의 대개가 독학獨學으로 노력한다. 그 노력의 지남指南은 종사宗師의 직설直說과 선문답禪問答이 되어야 할 것이다.

선말鮮末에 태어나 선말鮮末과 근세近世를 풍미하며, 선禪의 요의了義를 직지直指하여 학인을 가르친 큰 스승, 한국의 선사禪師들을 읽는 인연이, 공부에 어찌 약간의 도움에 그칠 것인가?

중국의 조당집祖堂集 등은 문체文體가 지나치게 간결하여, 옛 공부인의 숨결을 느낄 수 없음이 아쉽다. 한국선사韓國禪師의 숨결과 슬기를 본서의 독서에서 자득自得하기를 기대한다.

세간에서 생업을 하면서 공부하는 이들은, 부득이 옛 선사禪師들의 법어와 선문염송 등을 읽으며, 독학獨學한다. 그러나 한문漢

文은 이해하기가 쉽지 않고, 선서禪書는 난해難解하며, 그 번역이 의심되거나, 요의要意를 알 수 없게 된 경우가 대부분이다. 더구나 밝은 스승을 찾기가 어렵다. 그렇더라도 나의 인생공부人生工夫를 포기할 수는 없지 않은가?

마음공부란 우리 인생의 근본을 밝히는 것이기 때문이다. 힘써 나아가면 반드시 길이 보이고, 밝은 도반道伴과 스승을 만날 것이다.

공부工夫의 상로霜路에, 눈 밝은 선사禪師들의 일화逸話와 선문답禪問答을 읽어 통해通解한다면, 해맑은 길이 열릴 것이다. 선서禪書와 더불어 경經과 론論을 배워 일이관지一以貫之 한다면, 마침내 무념無念으로 소요逍遙하는 때가 있을 것이다.

2017. 금진 서강.

― 선말鮮末의 고덕高德 1801-1900

허주화상虛舟和尙 1805-1888 無師自悟, 金剛山道人.

영산화상影山和尙 ? 1810-1883 無師自悟,

석교화상石橋和尙 ? 1812 - ? 門人: 泰平

월창거사月窓居士 1815-1870 述夢瑣言 禪學入門저술. 居家自悟.

태평거사泰平居士 ? 1839-1923 門人: 鏡虛. 無碍客

무용화상無用和尙 ? 1845 - ? 念佛三昧, 神通多少.

수월영민水月永旻 ? 1847 - ? 念佛三昧, 百會投出.

경허성우鏡虛惺牛 1849-1912 師: 萬化, 泰平.

　　　　　　　　門人: 水月, 慧月, 滿空, 漢巖.

묵군자黙君子 1850 - ? 鏡虛와 벗. 居家自悟.

금강찬송金剛贊松 1855 - ? 拈頌抽說. 崔起南.

수월음관水月音觀 1855-1921 門人: 鐵牛.

혜월혜명慧月慧明 1862-1936 門人: 鐵牛. 石巖. 雲巖. 雲峯.

용성진종龍城震鍾 1864-1940 門人: 東侊, 東山.

학명계종鶴鳴啓宗 1867-1929 門人: 東侊, 錦峰.

만공월면滿空月面 1871-1946 門人: 寶月, (朴)古峯. 田岡

혜봉화상慧峰和尙 1874-1956 門人: 古峯.

한암중원漢巖重遠 1876-1951 師: 鏡虛

만해용운萬海龍雲 1879-1944 門人: 春城

보월화상寶月和尙 1884-1924 門人: 金烏

혜암화상惠庵和尙 1884-1985 師: 滿空

효봉화상曉峰和尙 1888-1966 門人: 無翁 九山.

운봉성수雲峰性粹 1889-1946 師: 慧月. 門人; 香谷

운암화상雲岩和尙 師: 慧月.

금봉화상錦峰和尙 ? -1959 師: 滿空, 鶴鳴.

고봉화상古峯和尙 1890-1961 門人: 行願崇山

동산화상東山和尙 1890-1965 師: 龍城

설봉학몽雪峰鶴夢 1890-1969 無師自悟,

춘성춘성春城春城 1891-1977 師: 萬海

경봉원광鏡峰圓光 1892-1982 師: 慧月, 龍城, 萬海.

철우화상鐵牛和尙 1895-1979 師 : 水月, 慧月.

금오태전金烏太田 1896-1968 師: 寶月.

전강영신田岡永信 1898-1975 門人: 松潭

고암상언古庵祥彦 1899-1988 師: 龍城. 門人: 大元.

동광혜두東侊慧頭 1900-1976 師: 龍城, 慧月.

－ 근세近世의 고덕高德 1901-1913

해안화상海眼和尙 1901-1974 門人: ?

보문화상普門和尙 1906-1956 師: 漢巖.

백봉거사白峯居士 1908-1985 門人: 逸松, 無爲堂, 也靑.

향곡화상香谷和尙 1912-1978 門人: 眞際.

성철화상性徹和尙 1912-1993 門人: 闡提, 圓機, 圓鐸.

탄허화상呑虛和尙 1913-1983 師: 漢巖

慧 遠 335-417
혜 원

염불선(念佛禪)의 정토종(淨土宗) 개조(開祖), 동진(東晉)사람. 불가
(佛家)의 혜원(慧遠)과 유가(儒家)의 도연명(陶淵明)과 도가(道家)의
육수정(陸修靜)의 호계삼소(虎溪三笑)의 일화가 있다. 三蘇(蘇洵, 蘇
軾, 蘇轍)가 혜원. 도연명. 육수정의 후신(後身)이라는 설이 있다.
혜원. 도연명. 육수정은 당시에 명리(名利)를 떠나 세상을 잊고 성
현의 도를 밝히는 데 힘썼으나 개오(開悟)하지 못했다. 혜원의 문
인 유모(劉某)가 구마라습(鳩摩羅什)과 승조(僧肇)에게 편지로 도를
물었는데 문답의 내용이 조론(肇論)에 전한다. 혜원이 여산(廬山)의
동림사(東林寺)를 나서 직접 묻지 않은 것은 죽을 때까지 산문을
나서지 않고 정진하겠다는 결사(結社)때문이니 염불선의 표리(表
裏)가 다만 이러하다.

　염불선은 하근과 중근의 정근처(精勤處)이다. 지금 수행하는 이
의 대개가 염불선을 통해야 공부가 원만히 진척될 수 있으나, 자
기의 근기를 돌아보지 않고 간화선에 매달리는 것이 안타깝다.
대저 공부방법은 각찰(覺察)과 휴헐(休歇) 뿐이나, 중하(中下)를 위

해 세분(細分)하여 부정관(不淨觀), 사띠, 염불선(念佛禪), 간화선(看話禪)의 방편을 둔 것이다. 공부방법의 으뜸은 관심(觀心)이다. 관심(觀心)은 망심(妄心)을 쉬고 진심(眞心)을 관하는 것이니, 만약 망심(妄心)이 쉰다면 진심(眞心)이 드러날 것이요, 이미 진심(眞心)이 드러났다면 망심(妄心)은 있지 아니한 것이다. 이는 능엄경(楞嚴經)과 원각경(圓覺經)의 설요(說要)요, 달마(達摩)의 정전(正傳)이다.

鳩摩羅什 343-413
구 마 라 습

삼론종(三論宗)의 조사(祖師). 반야경(般若經), 법화경(法華經)등 380여권 번역,

특히 삼론(三論), 즉 용수(龍樹)의 중론(中論), 십이문론(十二門論)과 데바의 백론(百論)을 도생(道生), 승조(僧肇), 도융(道融), 승예(僧叡) 등 문인 삼천(三千)에게 강설하다. 중국불교의 현문(玄門)이 구마라습(鳩摩羅什)으로부터 전하는 것이다. 조계종의 종의경인 금강경(金剛經)은 구마라습의 역을 저본으로 삼는다.

僧 肇 383-414
승 조

조론(肇論)을 짓다. 조론(肇論)의 내용은 물불천론(物不遷論), 반야무지론(般若無知論), 열반무명론(涅槃無明論) 등이다.

임종게(臨終偈)

四大元無住 사대원무주
五陰本來空 오음본래공
以首臨白刃 이수임백인
猶如斬春風 유여참춘풍

임종게에 사대(四大)와 오음(五陰)을 따로 설명함이 특장(特長)이
다. 무주(無住)와 본래공(本來空)의 뜻에 착실히 계합하여 설하는
이가 드문 것은 그 깨침이 밝지 못한 까닭이다.

영가대사(永嘉大師), 영명선사(永明禪師), 중봉선사(中峯禪師), 보
조국사(普照國師) 등 선(禪)과 교(敎)를 회통하여 드밝힌 조사(祖師)
들이 불조(佛祖)의 전거(典據)를 밝힐 때, 반드시 조론을 인용하여
말한다. 팔지보살(八地菩薩)이라 전한다.

達 磨 ?-495 (?-536)
달 마

중국 선종(禪宗) 초조(初祖). 陰10月5日 入寂.
등각보살(等覺菩薩)이라 전한다.
이입사행론(二入四行論) (理入, 行入 - 報怨行, 隨緣行, 無所求行, 稱法行)
무심론(無心論).
관심론(觀心論).
혈맥론(血脈論).
달마의 직지(直指)가 혜가(慧可)에 전한다. 이 밖에 몇몇의 간혜
(乾慧)전수자가 있다.

이조(二祖).

숭산(嵩山) 소림사(小林寺)로 보리달마(菩提達摩)를 찾아가 팔뚝을 끊어 위법망구(爲法忘軀)의 뜻을 보이고, 각고 수행 후 대오(大悟)하다.

달마대사께서 '여득오수(汝得吾髓)'라 하며 인가(認可)하다.

문인(門人)에 승찬(僧璨)이 있다. 승찬은 서천 십칠조(十七祖) 승가란제(僧伽難提)의 후신(後身)이라 한다.

傳大士 497-569
부 대 사

쌍림대사(雙林大士).

스스로 쌍수림하(雙樹林下) 당래해탈(當來解脫) 선혜대사(善慧大士)라 게(偈)하다. 제자 19인이 단식분신공양(斷食焚身供養)하다. 단식분신공양에 대해 후학의 설이 분분하나 위법망구(爲法忘軀)와 사대(四大)와 오음(五陰)이 몽환(夢幻)과 같음을 후학에게 실답게 보인 것이다.

'다만 말소리를 막은 것은 그대의 견성성불(見性成佛)을 도모하려는 것이다.'라 하였다. 이는 직지(直指)를 설하여 보리달마(菩提達摩)와 더불어 선법(禪法)을 세우는데 그 뜻이 있었던 것이다. 529년 운황산(雲皇山)에 절을 짓고, 뒤에 경사(京師)에 들어가 임금과 문답(問答)하다.

삼조(三祖),

신심명(信心銘).

속가(俗家)에서 풍질(風疾)에 걸리다. 이조(二祖) 혜가(慧可)를 만
나 문답하는 가운데 풍질(風疾)이 본공(本空)함을 깨닫고 이조(二
祖)에게 출가하여 법을 받다. 이는 승가란제(僧伽難堤)가 선법(禪
法)을 펴 넓히기 위한 시현(示現)이요, 승찬(僧璨)이 새로이 닦은
것이 아니다.

574년, 북주(北周) 무제(武帝)의 파불(破佛) 때, 환공산(晥公山)에
10년 은거(隱居)하다.

592년 도신(道信)이 제자가 되어, 9년 뒤 선법(禪法)을 잇다.

뒤에 조주종심(趙州從諗)으로 몸을 나투어 대법(大法)을 펴다.

―三祖僧璨 自頌―

我初成正覺 내가 처음 정각正覺을 이룰 때

號曰婆羅王 그 호號가 바라왕婆羅王이었네.

中間當十七 중간에 서천의 십칠조 승가란제僧伽難堤였으며

今作第三入 지금에 동토의 삼조三祖가 되었네.

韜光亦晦迹 도덕道德을 감추고 세상을 피한 바 있어

重入祖門中 다시 조사祖師의 문중門中에 드러낼 것이니,

諗氏其爲號 종심從諗으로써 그 호號를 삼고

終居趙邑東 종거終居를 조주趙州의 동東으로 할지라.

(出處: 舊 緇門, 注 栢庵性聰)

천태산(天台山) 지자대사(智者大師).

법명이 지의(智顗)이나 그 도(道)가 성현(聖賢)과 다르지 아니하여 지자(智者)라 이른다.

28세에 대소산(大小山)의 혜사(慧思)를 찾아가 심관(心觀)을 받다.

마하지관론(摩訶止觀論) 즉 지관좌선론(止觀坐禪論)을 짓다.

소견(所見)이 열린 제자가 32인이다. 상수제자는 관정(灌頂)이다. 불법(佛法)의 요체가 망심(妄心)을 그치고 진심(眞心)을 보아, 진심(眞心)이 십이시(十二時)에 성성(惺惺)함에 있는 고로 지관법(止觀法)을 지어 상근(上根)과 중근(中根)을 아울러 가르쳤다.

일설(一說)에 맹자(孟子)의 후신(後身)이라 한다. 맹자의 진심설(盡心說)이 밝지 아니한 때의 교어(敎語)라 정의하고, 지관론(止觀論)을 세워 전세(前世)의 잘못을 바로 잡았다고 한다. 지관(止觀)이란 지환관진(止幻觀眞)이다. 맹자의 진심설(盡心說)의 병처(病處)는 망심(妄心)을 없애 다한다는 뜻이라, 망심이 본래환(本來幻)인 도리에 미회(未會)한 것이다.

지자대사(智者大師)는 망심(妄心)을 그치고 진심(眞心)을 드러내는 법(法)이 정법(正法)이라 하였으며, 반드시 스승에 의지해서 공부해야 어스름한 밤길에서 머뭇거리지 않는다고 하였다.

만년에 관정(灌頂)에게 말한다. "내가 그대들을 위하여 설하느라 오지(五地)에 머물렀다. 공부는 성성(惺惺)이 가장 귀하니라."라 하였다.

道 信 580-651
도 신

사조(四祖),

삼조(三祖)에게서 구년 참학(參學)후 의발(衣鉢)을 받다. 대중을
거느리고 여산(廬山)의 대림사에 살다.

쌍봉산(雙峯山)에서 삼십여 년간 법(法)을 펴다.

학도자(學道者) 500여 명을 두었다. 달마(達摩)의 관심법(觀心法)
이 도신(道信)에 이어졌으나 다만 쌍봉산에 머물렀다. 이는 아직
달마(達摩)의 직지선법(直指禪法)이 그때를 맞이하지 못했던 까닭
이다.

弘 忍 602-675
홍 인

오조(五祖).

사조(四祖)의 문하(門下)에서 30여 년 수행(修行)하고 법(法)을 잇다.

쌍봉산의 동쪽 빙무산(憑茂山)에서 법(法)을 펴다. 이로부터 빙
무산(憑茂山)을 동산(東山)이라 부르고, 오조(五祖)의 법문을 동산
법문(東山法問)이라 한다.

대통신수(大通神秀)의 계통이 동산법문(東山法問)을 이은 듯하다.
관심론(觀心論)이 달마의 저술이라 알려졌으나, 기실은 신수(神秀)
의 관심론(觀心論)이다. 한국의 선문촬요(禪門撮要)는 1892년경 범
어사의 성월화상(星月和尙)이 편집하고 경허화상(鏡虛和尙)이 책명
을 붙인 것이다. 당시의 사정에 고증(考證)이 어려웠을 것이다.

진심직설(眞心直說) 또한 보조(普照)의 저술이 아니고 금(金)의 강백(講伯), 정언화상(政言和尙)의 저술이다. 그런 까닭으로 진심직설(眞心直說)의 내용 중에, 열 가지 공부방법 등이 번다히 오류(誤謬)를 보이는 것이다.

빙무산(憑茂山)의 다른 이름은 황매산(黃梅山), 오조산(五祖山), 동산(東山)이다. 오조(五祖) 홍인대사(弘忍大師) 이후에는 대개 오조산(五祖山)이라 부른다. 오조(五祖)사계(師戒)(973?-1035)와 오조(五祖) 법연(法演)(1024-1104)을 오조(五祖)라 약칭하는 것은 오조산(五祖山)에 거처했기 때문이다. 사계(師戒)는 소동파(蘇東坡)(1036-1101)의 전신(前身)이라 전한다

元 曉 617-686 韓
원 효

해동제일승(海東第一僧).

복성거사(卜性居士).

기신론소(起信論疏),

금강삼매경론(金剛三昧經論),

외 백여 권 저술. 대법(大法)을 펴다.

팔지보살(八地菩薩)의 현신(現身)이라 전한다.

사복거사(已僕居士)와 더불어 묘도(妙道)를 보이고, 불법(佛法)의 현의(玄義)를 간명(簡明)히 드러낸 동방의 보살이다.

삼계유심(三界唯心) 만법유식(萬法唯識)의 이(理)를 설하다.

無理之至理 무리지지리

不然之大然 불연지대연

라 하여 불법(佛法)의 대의(大義)를 설파(說破)하다.

玄 奘 622-664
현 장

법상종(法相宗) 개조(開祖).

태종(太宗), 고종(高宗), 측천무후(則天武后)의 외호(外護) 아래 76
부 1347권 번역하다.

반야심경(般若心經)은 여러 본이 있으나 현장(玄奘)의 역(譯)이
널리 읽히고 또한 모범이 된다고 한다.

유식론(唯識論), 구사론(俱舍論)의 홍통(弘通)에 힘쓰다.

義 湘 625-702 韓
의 상

650년 입당(入唐).

662년 종남산(終南山) 지상사(智常寺) 지엄(智儼)에게서 현수(懸
首)와 함께 화엄경(華嚴經)을 연구(研究)하다.

화엄학(華嚴學)의 해동초조(海東初祖).

화엄일승법계도(華嚴一乘法界圖)를 그리다,

법성게(法性偈).

神秀 ?-706
신수

북종선(北宗禪)의 개조(開祖),

홍인대사(弘忍大師)의 동산법문(東山法問)을 잇다.

점수돈오설(漸修頓悟說)을 세워 중근(中根)과 하근(下根)의 지견(知見)에 장원심(長遠心)을 열어주는 공부법을 보이다.

홍주선(洪州禪)의 질타를 받았으나 관심론(觀心論)을 지어 견처(見處)를 드러내다. 신수(神秀)의 재평가가 기대된다.

李通玄 635-730
이통현

당(唐) 종실(宗室),

거가자오(居家自悟).

유불(儒佛)에 자명고견(自明高見)을 갖추다.

이곳저곳 다니다가 실차난타의 화엄경(華嚴經) 팔십 권을 읽고는, 고산노선인(古山老仙人)의 옆방을 빌려 거처하며, 삼년 동안 마당 밖을 나가지 않고, 화엄경희석(華嚴經希釋) 40권과 십문현의(十門玄義) 4권을 짓다. 3년 동안 매일 대추 10개와 숟가락 크기의 잣잎 떡 1개를 먹었다. 이런 까닭으로 사람들이 조백대사(棗栢大士)라 불렀다.

뒷날에 화엄경(華嚴經)을 배우는 이는 이통현(李通玄)의 화엄론(華嚴論)에 의지해서 배운다. 이통현의 화엄의지(華嚴意旨)를 통해(通解)하지 못하면 소견(所見)이 바르다고 할 수 없기 때문이다.

慧 能 638-713
혜 능

육조(六祖).

중국선(中國禪)의 개화조(開花祖).

등각보살(等覺菩薩).

무념(無念)으로 종(宗)을 삼고, 무상(無相)을 체(體)로 하며, 무주(無住)로 본(本)을 삼는다는 혜능대사(慧能大師)의 설을 선가(禪家)의 종지(宗旨)로 삼는다. 혜능이 불법의 정수(精髓)를 드러냄에 중국에 선풍(禪風)이 올곧게 서게 되었다.

법보단경(法寶壇經),

금강경(金剛經) 구해(口解).

實叉難陀 653-710
실 차 난 타

695년 낙양(洛陽)에서 보리유지(菩提唯智), 법장(法藏)과 더불어 금강경(金剛經), 화엄경(華嚴經) 80권과 기신론(起信論) 등을 번역.

神 會 670-762
신 회

육조대사(六祖大師)의 오대고제(五大高弟),

강북(江北) 칠조(七祖).

하택종(荷澤宗) 초조(初祖).

신회(神會)의 종요(宗要)는 공적영지(空寂靈知) 지지일자(知之一字) 중묘지원(衆妙之源) 열두 자에 있다.

처음에 신수(神秀)의 문인이었으나, 측천무후(則天武后)의 명으로 강남(江南)으로 가서 육조(六祖)의 문인이 되다.

13세(혹설에 18세)에 견성(見性).

신수(神秀)의 북종선(北宗禪)을 비판하고 육조(六祖)의 선풍(禪風)을 선양하다.

뒷날, 마조(馬祖)의 문인 몇몇이 법보단경(法寶壇經)을 찬술(撰述)하여 신회(神會)를 지해종도(知解從徒)로 폄하했으나 사실과 다르다. 신회가 육조의 법을 잇고 선풍(禪風)을 널리 드밝혔다. 남양혜충(南陽慧忠)이 마조(馬祖)문인의 얕은 지견(知見)을 나무라는 글이 법보단경(法寶壇經) 부록에 실려 있다.

규봉종밀(圭峰宗密) 이후, 하택종(荷澤宗) 즉 화엄종(華嚴宗)은 급격히 쇠퇴하다.

懷 讓 677-744
회 양

칠조(七祖),

15년 동안 육조(六祖)를 모시다.

713년 남악(南嶽) 반야사(般若寺)에 들어가 30년 동안 선풍(禪風)을 선양하다. 육조의 유일한 적전이라는 설이 있으나 마조문인들의 강설에 다름 아니다. 육조의 대법은 영가, 신회, 혜충이 이었으며 회양은 늦게 견성하여 오랫동안 육조를 모신 정리가 있다.

뒷날 문인에 마조가 나타나 회양이 더욱 이름이 높아졌다고 하겠다. 문인 마조도일(馬祖道一)이 대법(大法)을 드날리다.

馬祖 709-788
마 조

팔조(八祖),

남악(南嶽)의 마전기연(磨磚機緣)으로 대오(大悟).

석두희천(石頭希遷)과 더불어 쌍벽을 이루다.

종요(宗要)는 평상심시도(平常心是道), 즉심즉불(卽心卽佛) 비심비불(非心非佛)을 표방하는 대기대용(大機大用)의 선풍(禪風).

문하에 백장회해(百丈懷海), 서당지장(西堂智藏), 남전보원(南泉普願), 대매법상(大梅法常), 귀종지상(歸宗智常), 분주무업(汾州無業) 등 139여 명의 제자를 배출하다. 문인 중 여덟이 견성도인(見性道人)이요, 나머지는 지견도인(知見道人)이다.

마조원상(馬祖圓相)의 입야타불입야타(入也打不入也打) 등의 설인교법(挈人敎法)에 자재(自在)하여 시법대용(示法大用)의 무심도인(無心道人)이라 부른다.

龐蘊 ?-808
방 온

구조(九祖),

자(字)는 도현(道玄),

석두희천(石頭希遷)에게서 개오(開悟)하다.

마조도일(馬祖道一)에게서 대오(大悟)하다.

방거사의 사고우(四高友)는 앙산혜적(仰山慧寂), 대매법상(大梅法常), 단하천연(丹霞天然), 약산유엄(藥山惟嚴)이다.

앙산(仰山)은 아난존자(阿難尊者)의 후신(後身)이라 전하고, 방거사(龐居士)는 전세 인도의 고승(高僧)이라 한다.

선풍(禪風)은 지공(知空), 학무위(學無爲)이다.

임종게(臨終偈)―

但願空諸所	다만 모든 마음을 없애라
愼勿實諸所無	두려워 말라. 실로 모든 마음은 없는 것.
好住世間	사람들이 즐거이 머무는 세상살이
皆如影響	다 그림자요, 메아리니라.

百 丈 720-814
백 장

구조(九祖),

마조문하(馬祖門下) 삼대사(三大士) 가운데 한 분.

법명은 회해(懷海).

선원청규(禪苑淸規)를 창시(創始)하다.

종풍(宗風)은 관심법(觀心法).

고제(高弟)는 위산(潙山)과 황벽(黃檗)이 있다. 뒷날, 위산(潙山)은 앙산(仰山)을 만나고, 황벽(黃檗)은 배휴(裵休)와 임제(臨濟)를 배출한다.

西 堂 735-814
서   당

구조(九祖),

마조문하(馬祖門下) 삼대사(三大士) 가운데 한 분.

법명은 지장(智藏).

신라의 명적도의(明寂道義), 체공혜철(體空慧哲)이 법을 받다.

이고상서(李翺尙書)를 인가(認可)하다.

이고(李翺)의 자는 습지(習之), 복성론(復性論)을 지어 공자(孔子)의 상지(上旨)인 일성대적(一性大寂)을 밝혀 드러냈으나, 따르는 이가 없었다. 뒷날 소동파(蘇東坡)가 이습지(李習之)의 복성론(復性論)을 보고 지견(知見)이 밝음을 말하다. 또한 황산곡(黃山谷)이 추존음게(追尊吟偈)하였다. 이습지(李習之)의 지혜는 유가(儒家)의 중조(中祖)이나, 정이(程頤)와 주희(朱熹)의 견처(見處)가 어두워 복성론(復性論)의 본의(本意)를 알지 못했다.

丹 霞 739-824
단   하

천연(天然),

석두문하(石頭門下)에서 개오(開悟).

마조(馬祖)에게서 대오(大悟).

단하소목불(丹霞燒木佛)의 일화(逸話)가 있다.

방거사(龐居士)와 벗.

藥 山 745-828
약 산

유엄(惟儼).

석두희천(石頭希遷)의 불시심(不是心)의 법을 잇다.

혜충국사(慧忠國師)를 존숭(尊崇)하다.

방거사(龐居士)와 벗하다.

南 泉 748-834
남 전

구조(九祖),

보원(普願).

마조문하(馬祖門下) 삼대사(三大士) 가운데 한 분.

남천(南泉)이라 쓰고 남전이라 읽는다. 한국 불가(佛家)의 독음
지습(讀音之習)이다.

선원(禪院)을 열고, 밭을 일구며, 선풍(禪風)을 펼치다.

사립(簑笠)을 쓰고, 소를 치며, 산에 올라 땔감나무를 하였다.

종요(宗要)는 불시심(不是心), 불시불(不是佛), 불시물(不是物)이다.

남천참묘(南泉斬猫) 등의 법어(法語)가 있다.

道義 760-? 韓
도 의

명적(明寂).

신라국(新羅國) 국사(國師).

서당지장(西堂智藏)의 법을 잇다.

黃檗 ?-850
황 벽

십조(十祖),

희운(希運).

전심법요(傳心法要), 완릉록(宛陵錄) 두 권의 저술은 배휴가 묻고
황벽이 답한 것을 배휴가 정리하여 편찬한 것이다.

백장청규(百丈淸規)를 드높이다.

임제의현(臨濟義玄), 배휴(裵休)가 법을 잇다.

潙山 771-853
위 산

십조(十祖),

영우(靈祐),

위앙종(潙仰宗) 초조(初祖).

백장(百丈)의 법을 잇다.

앙산혜적(仰山慧寂), 향엄지한(香嚴智閑), 연경법단(延慶法端), 왕

경초거사(王敬初居士) 등의 뛰어난 제자가 있다. 특히 앙산(仰山)의
경지가 높아 위산(潙山)을 이끈 바 있다.

李 翺 772-836
이 고

자(字)는 습지(習之),

20세, 담연에게 천태지관(天台止觀)을 배운 양숙에게 사사.

25세, 진사(進士)에 급제. 한유(韓愈)를 만나 고문운동(古文運動)
에 동참.

26세, 청량징관(淸凉澄觀)을 만나 교유. 육참과 교유.

29세, 거가개오(居家開悟), 복성서(復性書) 저술(本無七情說).

47세, 약산유엄(藥山惟嚴)을 만나 대오(大悟).

48세, 서당지장(西堂智藏)이 또 인가(認可).

이습지선생은 유불일관설(儒佛一貫說)을 펴다. 상산(象山) 육구
연(陸九淵)에게 영향을 주다.

白樂天 772-846
백 락 천

향산거사(香山居士),

광대교화주(廣大敎化主).

불광여만(佛光如滿), 흥선유관(興善惟寬), 귀종지상(歸宗智常)에게
참학.

조과도림(鳥窠道林)에게서 대오(大悟).

도연명(陶淵明)이 나의 전신(前身)이라 말하다.

오도송(悟道頌)의 문체가 뛰어나 도솔종열(兜率從悅) 등 뒷사람이 음송(吟誦)하고 또 개음(改吟)하다. 채근담(菜根譚)에도 개음(改吟)이 보인다.

竹影掃階塵不動 죽영소계진부동
月色穿潭水無痕 월색천담수무흔
水流任急境常靜 수류임급경상정
花落雖頻意自閑 화락수빈의자한

죽영竹影이 뜨락 섬돌 쓸어도 티끌은 부동不動이요,

달빛이 못을 뚫어도 물에는 흔적이 없도다.

유수流水가 급할지나 경계境界는 항상히 고요하고,

비록 꽃이 떨어짐이 잦으나, 그 뜻에 스스로 한가하도다.

趙 州 778-897
조 주
───────────────────────────────

종심(從諗),

삼조(三祖) 승찬대사(僧璨大師)의 후신(後身)이며, 바라왕불(婆羅王佛)의 현시(現示)이므로 고불(古佛)이라하다.

남전(南泉)의 법을 잇다.

고담착실(枯淡着實)한 선풍(禪風)을 드날리다.

조주록(趙州錄).

40년을 수행하고, 40년을 보림(保其天性 任其自在)하였으며, 40년 동안 직지(直指)의 대법(大法)을 펴다.

120년을 세상에 머물며 무심삼매(無心三昧)를 두렷이 보이다.

지견선사(知見禪師)와 개오선사(開悟禪師)의 자만(自慢)을 잠재우며, 삼지보살(三地菩薩) 이후의 나아갈 바를 보였다. 대적지(大寂智)로써 법을 나투었으며, 성성지(惺惺知)의 모범을 보였다. 조주는 과거칠불 이전에 성불(成佛)한 바라왕불(婆羅王佛)의 현시(現示)이므로 고불(古佛)이라 부르며, 중간에 서천(西天) 십칠조 승가란제(僧加難堤)와 동토(東土) 삼조(三祖) 승찬대사(僧璨大師)로 나투어 때 따라 중생을 교화하였다.

圭 峰 780-841
규 봉
_____

종밀(宗密).

징관(澄觀)의 화엄경소석을 보고 그의 제자가 되다.

華嚴五祖: 神會 - 法如 - 南印 - 澄觀 - 圭峰宗密.

선(禪)과 교(教)의 일치(一致)를 설하다.

배휴(裵休)와 방외(方外)의 벗이 되다.

선원제전집(禪源諸詮集) 백권.

원각경소(圓覺經疏),

원각경현담(圓覺經玄談).

雲 巖 782-841
운 암

담성(曇晟),

백장(百丈)에게 참학.

약산(藥山)의 법을 잇다.

동산양개(洞山良介)가 수문인(首門人)이다.

偈:(人天眼目6)

運水搬柴不是塵 운수반시불시진

頭頭全現法王身 두두전현법왕신

慧 哲 785-861 韓
혜 철

체공(體空).

서당(西堂)의 법을 잇다.

鎭 州 ? -861
진 주

보화존자(普化尊者).

황벽(黃蘗)의 사제(師弟).

임제의 외호선사(外護禪師).

임제의 법화(法華)를 뒤에서 높이고 밝히며 외호하였다.

진주보화가 "하양(河陽)은 새댁 같고, 목탑(木塔)은 할매선이요, 임제(臨濟)는 어린애로서 겨우 한쪽 눈을 떴다." 하니, 임제가 "이 도둑놈아!" 하자 "도둑이야!" 하며 갔다. 임제를 외호(外護)하며 기행(奇行)을 보이고, 스스로 관(棺)에 누워 허공을 돌다가 천화(遷化)하다.

臨濟 ? -867
임   제

십일조(十一祖).

의현(義玄).

혜조대사(慧照大師)

황벽은 임제가 법기(法器)임을 알고, 직지선기(直指禪機)하나 알지 못하자, 고안대우(高安大愚)에게 보낸다. 대우가 나무래자 임제가 언하(言下)에 대오(大悟)하다.

대우는 임제를 황벽에게 돌려보낸다. 임제는 위산영우(潙山靈祐)를 뵌 후, 황벽에게 돌아와 백장(百丈)의 선판(禪板)과 궤안(几案)을 받고 법을 잇다. 이후 선림(禪林)의 여러 노사(老師)를 방문. 무위진인(無位眞人) 수처작주(隨處作主) 입처개진(立處皆眞), 삼현(三玄) 삼요(三要) 진정견해(眞正見解) 등과 화엄교의(華嚴敎義)를 종횡(縱橫)으로 구사하다.

묵군화(默君和)거사가 집을 절로 만들고, 임제원(臨濟院)이라 하고 의현을 맞아 법주(法主)로 모시다. 법숙(法叔)인 보화(普化)와 극부(克符)가 교화를 도우다. 법을 이은 제자로는 삼성혜연(三聖慧

然), 흥화존장(興化存獎), 관계지한(灌谿志閑), 풍혈연소(風穴延沼) 등 20여 명이다.

裴 休 797-870
배 휴

황벽(黃檗)과 규봉(圭峰)의 문인.(圭峰과 方外의 벗.)

전심법요(傳心法要), 완릉록(宛陵錄)을 문찬(聞撰)하다.

황벽, 규봉 등 제선사(諸禪師)의 서(序), 발(跋), 기(記), 명(銘)을 짓다.

仰 山 803-887
앙 산

혜적(慧寂).

위산(潙山)의 문인.

아난존자(阿難尊者)의 후신(後身)이라 전하며, 지혜(智慧)가 높아 소석가(小釋迦)라 칭한다. 임제(臨濟)의 행화(行化)를 도운 보화존 자(普化尊者)가 전신탈거(全身脫去)할 것이라 예언하니 그대로 되 었다. 또한 서천의 신장(神將)이 허공으로 와서 예배(禮拜)하고 법 을 묻고 배우다.

위산이 향엄지한을 인가하자, 긍정하기 어렵다고하며 앙산이 다시 향엄을 시험하여 그 궁극(窮極)을 보고 허여(許與)하였다.

석두(石頭)를 진금포(眞金鋪)라 하고 앙산(仰山)을 잡화포(雜貨鋪)

라 함은, 석두는 직지(直指)를 주로 보였고, 앙산은 대적(大寂)의
묘용(妙用)을 두루 보였으며 제방 선사(禪師)의 경지(境地)를 거울
들여다보는 것과 같았기 때문이다.

  뒷사람이 위앙종(潙仰宗)이라 함은 사제(師弟)의 정리(情理)를 높
혀 부른 것이요, 앙산이 아니면 임제가 드러나지 못했을 것이라
한다. 신라 말, 구산선문(九山禪門)을 개산(開山)한 범일선사(梵日禪
士)와 무염국사(無染國師)가 앙산(仰山)의 문인이다.

洞 山 807-869
동 산

  양개(良价).

  보경삼매가(寶鏡三昧歌),

  동산어록(洞山語錄).

  남천보원(南泉普願), 위산영우(潙山靈祐)에게 참학하고, 운암담성
(雲巖曇晟)에게서 대오(大悟)하다. 문인 조산본적(曹山本寂)과 연칭
(連稱)하여 조동종(曹洞宗)의 고조(高祖)로 추앙됨.

  세밀(細密)한 선풍(禪風)을 고취하다.

  문하에 운거도응(雲居道膺), 조산본적 등 27인이 있다.

曹 山 840-901
조 산

본적(本寂).

조동종(曹洞宗) 개조(開祖).

동산(洞山)의 오위현결(五位顯訣) 종지(宗旨)를 전승.

오위(五位)란 선(禪)을 정(正)과 편(偏)으로 분류(正中偏 등)하는
방법.

雲 門 864-949
운 문

문언(文偃).

황벽(黃檗)의 법을 이은 목주도명(睦州道明)에게서 참구(參究)하
여 대오(大悟)하다.

설봉의존(雪峰義存)의 법을 잇다.

일일시호일(日日是好日), 동산수상행(東山水上行) 등의 법어(法語).

萬里足下靑 만리 세상이 발아래 푸르고녀

東山水上行 동산이 물 위로 가누나.

吾道此時中 나의 도는 이 가운데 있나니

行之貴日惺 수행에 귀한 곳은 나날이 성성(惺惺)함에 있나니.

중국의 조사(祖師) 중에 문장(文章)이 가장 뛰어났다고 평한다.
영명(永明)대사과 더불어 만당이봉(晚唐二峰)이라 일컫는다.

연수(延秀).

법안종(法眼宗),

만당(晩唐)의 대종사(大宗師).

천태덕소(天台德韶)의 법을 이어 법안종(法眼宗) 3세가 되다. 선(禪)과 염불을 겸수(兼修)하여 저녁에는 언제나 행도염불(行道念佛)을 하였다.

고려 광종(光宗) 때에 혜거(惠居)가 국사가 되고, 탄문(坦文)은 왕사가 되었는데, 혜거와 탄문은 영명대사의 문인이다. 상당(上堂), 예배(禮拜), 염불(念佛), 저찬(著撰), 자비섭화(慈悲攝化) 등 중생의 도탈(度脫)을 위해 쉼이 없었으므로, 제방에서 '慈氏(미륵)의 下生'이라 하였다.

영명연수가 종경록을 지으매, 선(禪)과 교(敎)가 가지런해지고, 임제종과 운문종의 종취를 합했으며, 승조법사, 천태지자대사의 요목이 드러냈으며, 규봉종밀의 자의(慈意)를 가려냈다. 영명연수가 법안종의 갈래를 얻었으나, 경(經)과 조의(朝儀)를 낱낱이 꿰뚫어 불종(佛宗)을 하나로 세웠으니 그 지혜와 자(慈)와 혜(慧)가 일월(日月)과 같았다.

자성(自性)을 철견(徹見)한 선사(禪師)들을 향하여 "그대는 십이시(十二時)에 성성(惺惺)하는가?"라 질문하여 견성(見性)한 선사(禪師)들의 자만(自慢)을 재우며 참되게 오후공부(悟後工夫)의 길을 보이고 수시로 경지(境地)를 물었다. 뒷사람이 '조주(趙州) 이후 오직 한 사람'이라 하였다.

저찬(著撰)은 종경록(宗鏡錄)100권, 유심결(唯心訣), 심부(心賦), 만
선동귀집(萬善同歸集) 등이다.

師戒 ?-1035
사 계

오조산(五祖山,憑無山) 독안선사(獨眼禪師).

설두(雪竇)가 문인이다.

소동파(蘇東坡)의 전신(前身)이다. 소동파를 당시 동림(東林), 불
인(佛印) 등 선객(禪客)들이 알아보고 계화상(戒和尙)이라 불렀다.

오조산은 홍인대사(弘忍大師)이후 많은 선장(禪丈)이 거(居)하였으
며, 오조산은 송대(宋代) 황룡파(黃龍派)와 양기파(楊岐派)가 융성.

五祖 1024-1104
오 조

법연(法演).

호는 해회(海會).

임제종 양기파(楊岐派).

혜림종본(慧林宗本)에게 참학.

부산법원(浮山法遠)의 법을 잇다.

문인은 원오극근(圓悟克勤), 장경수(張景修)거사, 유발(劉跋)거사.

東 林 1025-1091
동 림

상총(常總).

황룡혜남(黃龍慧南)에게 20년 참구대오(參究大悟),

결지(決旨)를 받으나 법 잇기를 사양하고 보림하다.

황룡혜남(黃龍慧南)의 법을 원기(圓機)에게 양보했으나 원기(圓機)도 사양하다. 황룡 입적 후, 조심(祖心)을 지명하여 황룡의 법을 받게하다.

강서(江西) 여산(廬山) 구강(九江) 동림사(東林寺)에서 대법(大法)을 드날리다.

60여 제자를 두다.

문하에 륵담응건(泐潭應乾)등과 북송(北宋)의 걸사(傑士)요, 유가(儒家)의 태사(太師)인 주염계(周濂溪), 구양수(歐陽修), 소동파(蘇東坡), 정명도(程明道), 장무진(張無盡) 등이 있다.

蘇東坡 1036-1101
소 동 파

소식(蘇軾),

자(字)는 자첨(子瞻).

동림상총(東林常總)의 문인.

절세고사(絶世高士).

開悟頌

溪聲便是廣長說   계성溪聲이 장광설長廣舌이요,

山色豈非淸淨身　산색이 어찌 청정신이 아니랴!
夜來八萬四千偈　미迷할 제, 팔만사천법 두나니
後日與何擧似人　이 일을 뒷사람에게 어찌 보일것가?

悟道頌
問我何處來　내게 어디서 왔느냐고 묻나니
我來無何有　나는 무하유無何有에서 왔다하리.
薰風自南來　훈풍薰風이 스사로 남에서 부나니
艸堂生微凉　초당에 서늘한 바람이 미묘히 생하누나.

　도연명(陶淵明), 백낙천(白樂天), 사계화상(師戒和尙), 소동파(蘇東坡)는 같은 인물이다. 소동파의 전세는 청한(淸閑)선비, 광자고사(廣慈高士), 자명선사(自明禪師), 절세고사(絶世高士)의 길을 밟아 동파(東坡) 만년에 칠지보살의 위(位)에 나아간다.

　동파선희집(東坡禪喜集).

　소식집(蘇軾集).

　東坡云 '陶淵明이 是吾前生'이라 하다.

張商英 1043-1121
장 상 영

　무진거사(無盡居士).

　왕안석(王安石)의 문인.

　소동파의 영향을 받아 불법을 깊이 참구.

동림상총(東林常總), 도솔종열(兜率從悅), 회당조심(懷堂祖心)을 찾아 불법의 요의(要義)를 배우고 밝히다.

동림상총(東林常總)에게서 지견(知見)이 열리고, 원오극근(圓悟克勤)에게 화엄현지(華嚴玄旨)를 듣고 밝아졌으며, 만년에 도솔종열(兜率從悅)의 설을 듣고 개오(開悟)하다. 뒷날 대혜종고(大慧宗杲)의 견처(見處)를 시험(試驗)하고 허여(許與)함으로써 선지(禪知)를 드날렸다. 혹자는 무진거사(無盡居士)를 소동파의 경지보다 높게 여기나, 무진거사는 이욕지(離欲地,華嚴二地)에 거처했고, 소동파는 원행지(遠行地,華嚴七地)에 소요(逍遙)하였다. 앞사람의 경지(境地)를 건사(愆士)의 미문(美文)과 측지(測知)에 기대 가름하는 것은 자기 공부에 해롭다.

黃庭堅 1045-1105
황 정 견

산곡도인(山谷道人).

소동파(蘇東坡)의 문인.

황룡조심(黃龍祖心)의 법을 잇다.

황룡(黃龍)이 "내가 숨기는 것이 있는가?" 하는 말끝에 개오(開悟)하다.

"내가 숨기는 것이 있는가?"라는 말은 본디 공자(孔子)의 말이다. 공자의 문인은 그 뜻에 합한 이가 안회(顏回)와 증석(曾析) 뿐이나, 선가(禪家)의 달사(達士)들은 그 낙어(落語)를 보고도 공자의 진면목(眞面目)을 보는 것이다. 황산곡(黃山谷)은 방외(方外)에 거

처하여 기이탈속(奇異脫俗)한 언(言)과 행(行)으로 사람들을 놀라게
하며 세상에 소요(逍遙)하였다.

圓 悟 1063-1125
원 오

극근(克勤).

임제종(臨濟宗) 양기파(楊岐派).

오조법연(五祖法演)의 법을 잇다.

설두(雪竇)의 송고(頌古)를 창평(唱評)하다. 송고(頌古)에 수시(垂
示) 착어(着語) 평창(評唱)한 것을 문인들이 벽암록(碧巖錄)이라 이
름붙여 펴내다. 뒷날 대혜종고(大慧宗杲)가 공부인의 독(毒)이 된
다하여 벽암록(碧巖錄)과 그 책판(冊板)을 불태웠으나 필사본(筆寫
本)이 남아 뒷날에 다시 유통되어 오늘에 전한다.

문인으로는 대혜종고(大慧宗杲), 무진(無盡) 장상영(張商英), 곽지
장(郭智藏) 등 100여 인이 있다.

大 慧 1089-1163
대 혜

종고(宗杲),

임제종(臨濟宗) 양기파(楊岐派).

담당문준(湛堂文準)에게 참학.

원오(圓悟)에게서 참학하여 대오(大悟).

청량덕홍(淸凉德洪)을 찾아가 참례하고, 그 곳에서 장상영(張商英)을 만나다. 장상영이 대혜의 공부를 시험하고 허여(許與)하다.

조동종(曹洞宗)의 묵조선(黙照禪)(宏智)을 공격하고 공안선(公案禪)을 고쳐, 간화선(看話禪)의 종주(宗主)가 되어 경산(徑山) 능인선원(能仁禪院)에서 종풍(宗風)을 크게 진작하다.

임제(臨濟)의 재흥(再興)이라 일컫다.

형주(衡州) 유배 10년 후, 천동산(天童山)의 굉지정각(宏智正覺)과 도교(道交)를 맺고 굉지의 미진처(未盡處)를 깨우다.

정법안장(正法眼藏) 6권.

대혜어록(大慧語錄).

宏 智 1091-1157
굉 지

정각(正覺),

조동종(曹洞宗),

묵조선(黙照禪)의 개조(開祖).

단하산(丹霞山) 자순(子淳)의 법을 잇다.

묵조좌선(黙照坐禪)의 종지(宗旨)를 세우고 묵조선(宏智禪)이라 일컫다. 만년에 대혜를 만나 대오(大悟), 주장(主張)을 바꾸다.

'莫動着(움직이지 말라)

動着(움직이면)

三十棒이니라.'

— 는 수행법을 이르다.(굉지록)

普照 1158-1210 韓
보 조

지눌(知訥).

26세, 육조단경(六祖壇經)을 읽다가 개오(開悟)

28세, 이통현(李通玄)(635-736)의 화엄론(華嚴論)을 읽다가 대오(大悟).

원돈성불론(圓頓成佛論)을 짓다.

팔공산(八公山) 거조사(居祖寺)에서 정혜사(定慧社)를 결성.

30세, 대혜어록(大慧語錄)과 육조단경(六祖壇經)을 보다가 확철대오(廓徹大悟).

희종은 즉위 후, 송광산 길상사를 조계산(曹溪山) 수선사(修禪寺)로 이름을 바꾸고 지눌(知訥)을 극진히 모시다.

성적등지문(惺寂等持門), 원돈신해문(圓頓信解門), 경절문(徑截門)의 삼문(三門)을 열어 학인을 제접하여 대법을 펴다.

혜심(慧諶)이 법을 잇다.

修心訣. 看話決疑論. 定慧結社文 등 14부 15권 著.

眞 覺 1178-1234 韓
진 각

혜심(慧諶),

무의자(無衣子).

지눌(知訥)의 법을 잇다.

수선사(修禪寺) 이대법주(二代法主).

선문염송집(禪門拈頌集).

심요(心要).

금강경찬(金剛經贊).

一 然 1206-1289 韓
일 연

견명(見明),

호; 무극(無極).

25세, 생계불감(生界不滅) 불계부증(佛界不增)의 화두(話頭)를 참구(參究)하여 대오(大悟).

56세, 목우화상(牧牛和尙)의 법을 잇다.

72세, 운문사(雲門寺)에서 현풍(玄風)을 드날리다.

84세, 선상(禪床)에 앉아 제자들과 문답(問答)을 한 후, 방으로 돌아가 금강인(金剛印)을 맺고 입적(入寂)하다.

삼국유사(三國遺事) 5권.

조도(祖道) 2권.

조정사원(祖庭事苑) 30권.

선문염송사원(禪門拈頌事苑) 30권

高 峰 1238-1295
고 봉

원묘(原妙).

남송말(南宋末) 원대(元代).

임제종(臨濟宗) 양기파(楊岐派).

법주(法住)에게 천태(天台)를 배움.

앙산조흠(仰山祖欽)에게 참구.

은둔수행(隱遁修行) 5년 후 대오(大悟).

중봉명본(中峰明本)이 법을 잇다.

선요(禪要).

고봉어록(高峯語錄).

中峰 중봉 1263-1323

명본(明本).

원대(元代).

달마(達摩)의 29세.

임제의 15세 법손(法孫).

어려서 천목산(天目山) 사자암(獅子巖)의 고봉(高峯)에게 출가 수행하여 대오(大悟).

고봉 몰후(沒後), 일정한 거처 없이 혹은 배 안에서 혹은 암자에서 살아가며 스스로 환주(幻主)라 일컫다.

승속(僧俗)이 존경하여 강남고불(江南古佛)이라 하다.

조당자적(照堂慈寂)이 법을 잇다.

산방야화(山房夜話).

동어서화(東語西話).

신심명벽의해(信心銘闢義解).

石屋 1272-1352
석 옥

청공(清珙).

임제종(臨濟宗) 호구파(虎丘派).

고봉원묘(高峰原妙)에게서 참구.

급암종신(及庵宗信)의 법을 잇다.

고려의 백운화상(白雲和尙)이 법을 잇다.

고려의 보우(普愚)에게 법을 전하다.

강남 하무산(霞霧山)에서 입적시에 문인 법안(法眼)으로 하여금 고려의 백운에게 전법게(傳法偈)를 전하게 하다. 이는 석옥(石屋)의 법이 고려의 백운에게 전해졌음을 의미하며, 백운이 태고보우보다 공부가 높음을 가리킨다.

白雲 1299-1375 韓
백 운

景閑.

어려서 출가하여 무사자오(無師自悟),

10년 동안 중국에서 공부하다.

(인도고승) 지공(指空)에게 참학.

석옥청공(石屋清珙)에게서 대오(大悟).

54세, (1353년)

법안(法眼)이 석옥(石屋)의 전법게(傳法偈)를 가지고, 고려의 백운(白雲)을 찾아오다.

77세에 취암사(鷲巖寺)에 은거(隱居)하다가 입적(入寂).

불조직지심체절요(佛祖直旨心體節要), ―줄여서 직지(直指)라 한다.―

백운어록(白雲語錄).

太古 1301-1382 韓
태 고

보우(普愚), 보허(普虛).

19세에 만법귀일(萬法歸一) 화두를 참구하여 개오(開悟).

41세, 삼각산(三角山) 중흥사(重興寺) 동봉(東峯)에 태고암(太古庵)을 지어 머물다.

46세, 원(元) 호주(湖州) 하무산(霞霧山) 석옥청공(石屋淸珙)에게서 대오(大悟)하여 법을 받다.

52세, 석옥이 입적하다.

만년에 소설산(小雪山)에 들어가 농사 짓다가 공민왕의 청으로 산을 나와 왕사(王師)가 되다.

봉암사(鳳巖寺), 보림사(寶林寺)에서 교화하다.

신돈(辛旽)의 모함으로 속리산(俗離山)에 유폐(流弊).

83세 입적,

태고어록(太古語錄).

懶 翁 1320-1376
나 옹

혜근(惠勤),

27세에 양주 회암사(檜巖寺)에서 개오(開悟).

28세에 원, 연경 법원사(法源寺)에서 지공(指空)에게 배우다.

30세에 평산처림(平山處林)에게 참학, 법을 받다.

31세에 지공(指空)의 법을 잇다. 도(道)가 원의 황제에게 알려져 광제선사(廣濟禪寺)의 주지가 되어 황제에게 설법하다.

39세에 오대산 상두암(象頭菴, 움막)에서 묵좌(默坐)하다.

42세에 왕명으로 내전(內殿)에서 설법하다.

52세에 왕사(王師)가 되다.

57세에 왕명으로 밀양 영원사(瑩原寺)로 가다가 신륵사(新勒寺)에서 입적.

나옹어록(懶翁語錄).

虛 應 1515-1565
허 응

보우(普雨),

號, 나암(懶庵).

16세에 금강산 마하연(摩訶衍)에 入山.

34세에 강원감사 정만종(鄭萬鍾)의 천거로 봉은사(奉恩寺) 주지가 되다.

36세에 선교양종(禪敎兩宗)을 부활시키다.

37세에 선종판사(禪宗判事)가 되다.

윤원형(尹元衡), 상진(尙震)과 합심하여 300여 사찰을 국찰로 정하다.

도첩제(度牒制)를 두어 2년 동안에 4,000여 승려를 뽑는 승과(僧科)를 설치.

51세, 문정왕후(文定王后)가 죽자, 제주에서 변협(邊協)에 의해 장살(杖殺)되다. 이율곡이 변호하였다.

조선불교 부흥의 초석을 놓은 기승(奇僧).

보우의 선교양종(禪教兩宗)의 승과(僧科)를 통해 서산대사가 선(禪)을 중흥(中興)하고, 영규(靈圭) 사명(四溟) 청매(青梅) 등의 인물이 드러나 선지(禪旨)를 펴다.

일정론(一正論)

선게잡저(禪偈雜著).

허응당집(虛應堂集).

清虛休靜 1520-1604
청 허 휴 정

어려서 부모를 여의다.

진사과(進士科)에 낙방하고 지리산(智異山)에 입산.

숭인(崇仁)에게 출가.

부용영관(芙蓉靈觀)(1485-1571)에게 참학,

길을 가다가 낮닭이 크게 우는 소리를 듣자마자 개오(開悟). 몇 달 후, 금강산에서 대오(大悟)하다.

30세에 승과에 급제, 선교양종판사(禪敎兩宗判事)가 된다.

73세에 임진왜란이 나자, 팔도도총섭(八道都摠攝)이 된다.

75세에 사명(四溟)에게 병사(兵事)를 맡기고 묘향산(妙香山)에서 입적(入寂).

선가귀감(禪家龜鑑).

선교석(禪敎釋).

청허집(淸虛集).

雲棲袾宏 1535-1615
운 서 주 굉

호(號), 연지(蓮池).

명(明), 사고승(四高僧)의 한 분.

송암득보(松庵得寶)에게 참구.

초서(樵棲)를 지나다가 북소리를 듣고 깨닫다.

선정일치(禪定一致)를 선풍(禪風)으로 삼다.

선관책진(禪關策進).

치문(緇門).

자지록(自知錄).

紫栢眞可 1542-1603
자 백 진 가

명(明), 사고승(四高僧)의 한 분.

만당(晩唐)의 장졸(張拙) 오도송(悟道頌),

斷除妄想重增病 단제망상중증병
趨向眞如亦是邪 추향진여역시사
隨順世緣無가碍 수순세연무가애
涅槃生死是空華 열반생사시공화
光明寂照遍河沙 광명적조편하사
凡聖含靈共我家 범성함령공아가
一念不生全體現 일념불생전체현
六根緯動被雲遮 육근위동피운차

一를 읽다가 개오(開悟)하다.
장졸(張拙)의 오도송를 운문(雲門)이 상찬(上讚)하다.
운서(雲棲), 감산(憨山)과 같이 선정병수(禪定竝修)가 선풍(禪風)
이다.
자백집(紫栢集).

憨 山 1546-1623
감 산

덕청(德淸).
명(明), 사고승(四高僧)의 한 분.
운곡법회(雲谷法會)와 무극명신(無極明信)에게 참구.
복우법광(伏牛法光)에게서 대오(大悟).
오대산(五臺山) 북대(北臺)에 올라 감산(憨山)의 빼어남을 보고 자
호(自號)로 삼다.

1581년 오대산에 무차회(無遮會)를 열어 법을 설하다.

1587년 신종(神宗)의 미움을 받아 뇌주(雷州)로 귀양가다.

1622년 조계로 돌아가 다음 해 입적(入寂).

원각경해(圓覺經解).

노자선해(老子禪解).

장자선해(莊子禪解).

중용직지(中庸直指).

대학직지(大學直指)

藕益 1599-1655
우 익

지욱(智旭).

명(明), 사고승(四高僧)의 한 분.

감산덕청(憨山德清)의 법손(法孫).

감산(憨山)의 문인 설서(雪棲)에게 유식론(唯識論)을 배우다.

32세에 범망경(梵網經)에 주석(註釋).

맹자(孟子)의 미어처(迷語處)를 제하고 절요(切要)하여 맹자택유(孟
子擇乳)를 짓다. 책을 펴내자 유림(儒林)에서 대로(大怒)하여 찾아와
책판(冊板)과 책(冊)을 불태워 지금 전하지 않는다. 뒷날 치허(鴟虛)
가 육경찰요(六經撮要, 학자원)를 지으매, 그 가운데 맹자찰요(孟子撮要)
를 넣었다. 그 뜻에 지욱노사(智旭老師)가 이러이러하였을 것이라
하다.

노치허 盧蒕盧

선객禪客 소동파蘇東坡 (명문당)

누가 공자의 참마음을 보았는가? - 육경촬요 (학자원)

누가 왕마힐, 소동파, 소강절의 청의미를 보았는가? (학자원)

장자직해 莊子直解 (학자원)

누가 장자의 무하유에 소요하는가? (학자원)

수사심경 洙泗心經 (벽치재)

논맹통해 論孟通解 (벽치재)

증도가직해 證道歌直解 (벽치재)

맹촌잡시 甿村雜詩 (벽치재)

方外三碧峙 010-4599-1746

著者

無學

避世閑居

號: 蒕虛, 愚虛, 碧峙子

貫鄕: 光山盧. 名是圭行是鉉

선객禪客

2017년 12월 26일 초판 1쇄 발행

竊著 : 盧蒕盧
洗塵 : 金津西江
校訂 : 李時軒
펴낸이 : 金秉煥
펴낸곳 : 학자원
주　소 : 서울시 강동구 천호대로 1121
전　화 : 02) 6403-1000
팩　스 : 02) 6338-1001
E-mail : hakjaone@daum.net
등　록 : 2011년 3월 24일 제2011-14호

ISBN 979-11-6247-007-7 03220
값 20,000원